Sally Goddard

Greifen und Be-Greifen
Wie Lern- und Verhaltensstörungen mit
frühkindlichen Reflexen zusammenhängen

Sally Goddard

Greifen und Be-Greifen

Wie Lern- und Verhaltensstörungen mit
frühkindlichen Reflexen zusammenhängen

VAK Verlags GmbH
Kirchzarten bei Freiburg

Titel der amerikanischen Originalausgabe:
A teacher's window into the child's mind
© Sally Goddard
Erschienen bei: Fern Ridge Presse, Eugene, Oregon, USA
ISBN 0–9615332–5-0

Die Deutsche Bibliothek – CIP-Einheitsaufnahme
Goddard, Sally:
Greifen und Be-Greifen: wie Lern- und Verhaltensstörungen
mit frühkindlichen Reflexen zusammenhängen/
Sally Goddard [Übers.: Beate Richter] – Kirchzarten bei
Freiburg : VAK Verlags GmbH 1998
Einheitssacht.: A teacher's window into the child's mind ‹dt.›
ISBN 3–932098–14–5

2. überarb. u. erw. Auflage 2000
© VAK Verlags GmbH, Kirchzarten bei Freiburg 1998
Übersetzung: Beate Richter, Anja von Velzen
Fachliche Beratung zur deutschen Ausgabe: Anja von Velzen (1. Aufl.),
Thake Hansen-Lauff (2. Aufl.)
Lektorat: Monika Radecki
Umschlag: Hugo Waschkowski
Herstellung: Clausen & Bosse, Leck
Printed in Germany
ISBN 3–932098–14–5

Inhalt

Danksagungen 8
Vorwort 9
Einleitung 13

Kapitel 1: Reflexe – ihre Auswirkung auf Erfolg oder
Versagen in der Erziehung 15
Der Moro-Reflex 19
Der Palmar-Reflex 25
Der Asymmetrische Tonische Nackenreflex 28
Der Suchreflex 32
Der Spinale Galantreflex 35
Der Tonische Labyrinthreflex 37
Der Symmetrische Tonische Nackenreflex 42

Kapitel 2: Vom frühkindlichen Reflex zur Haltungskontrolle 48
Der Landau-Reflex 53
Der Amphibienreflex 54
Die Segmentären Rollreflexe 55
Gleichgewichtsreaktionen 56

Kapitel 3: Die Gehirnentwicklung 58
Die Entwicklung einer Hierarchie 59
Die Spezialisierung der Gehirnhälften 65

Kapitel 4: Die Sinne 72
Gleichgewicht und vestibuläres System 74
Der Tastsinn 78
Das Hören 82
Das Sehen 89
Die Tiefensensibilität 95
Das Schmecken und Riechen 97
Zusammenfassung 98

Kapitel 5: Reflextests 100
Moro-Reflex (Standardtest) 102
Moro-Reflex (Aufrechter Test) 104
Palmar-Reflex 106
Asymmetrischer Tonischer Nackenreflex (Standardtest) 108
Asymmetrischer Tonischer Nackenreflex (Schilder-Test) 110
Suchreflex. 112
Saugreflex 113
Spinaler Galantreflex. 114
Tonischer Labyrinthreflex (Aufrechter Test). 116
Symmetrischer Tonischer Nackenreflex 118
Landau-Reflex 120
Amphibienreflex. 122
Segmentärer Rollreflex. 124
Augen-Kopfstellreflexe 126
Labyrinth-Kopfstellreflexe 128

**Kapitel 6: Fördermaßnahmen, die Lehrern und Lehrerinnen zur
Verfügung stehen** 130
Sensorische Probleme: Auditiv 132
Sensorische Probleme: Visuell. 134
Sensorische Probleme: Kinästhetisch 134
Allgemeines Problembewußtsein 134
Zusammenfassung 137

Anhang. 140
Tabelle I: Entwicklung und Transformation des Reflexsystems 140
Tabelle II: Verzögerungen in der neurologischen Entwicklung. 142
Tabelle III: Hilfsmittel bei fortbestehenden Reflexen 145
Aufsätze 149
Nützliche Adressen 184
Literatur 187
Glossar 192
Stichwortverzeichnis. 199
Über die Autorin. 203

Meinem Vater William D. Pritchard (1913 – 1995) gewidmet.

„Ein guter Lehrer wird dich nicht auffordern, das Haus
seiner Weisheit zu betreten; er wird dich vielmehr an
die Schwelle deines eigenen Verstandes führen."

(K. Gibran, in: *Der Prophet*)

Danksagungen

Mein Dank gilt

Peter Blythe, der diese Arbeit 1969 begann und 1975 das *Institute for Neuro-Physiological Psychology* (INPP; Institut für neurophysiologische Psychologie) gründete. Über 20Jahre lang gab er Studenten, Fachleuten und Kollegen Anregung, Weiterbildung und Ermutigung – und er vermittelte Kindern und ihren Eltern Hoffnung. Die Techniken, die im INPP angewendet werden, haben sich mittlerweile über den ganzen Globus ausgebreitet und entwickeln sich mit neuem Wissen und neuen Forschungen weiter – die führende Hand ist weiterhin die seines Gründers und Leiters Peter Blythe,

Catherina Johanneson-Alvegard, die diese Arbeit ursprünglich in Schweden entwickelte,

Dr. Kjeld Johansen,

Dr. Larry Beuret, Jane Field, Thake Hansen-Lauff, Bjorn Gustaffson, Hakaan Carlson und Joan Young,

Professor Birger Kaada, dessen Arbeit über den Furchtlähmungsreflex das fehlende Glied für unsere Arbeit darstellte,

den vielen, vielen anderen Menschen, deren stille Arbeit, Diskussionen und Ideen zur Entwicklung dieses Buches beigetragen haben,

Svea Gold, ohne die dieses Buch niemals hätte geschrieben werden können.

Vorwort

Die amerikanische Öffentlichkeit wird in den Medien sehr gut über das Thema der Gehirnforschung informiert. Zum ersten Mal beschrieben übrigens um 1700 vor Christi Geburt die Ägypter einen Papyrus mit Notizen über das Gehirn. In den frühen achtziger Jahren versorgte eine insgesamt zwölf Stunden dauernde Videoreihe unter dem Titel *The brain* (Das Gehirn) die amerikanische Haushalte mit Informationen zum Thema, die in den letzten 50 Jahren gesammelt worden waren. Diese Serie wurde abgelöst von einer Folge über *The mind* (Der Verstand), in der die Verbindung zwischen den Gehirnvorgängen und der Persönlichkeit hergestellt wurde. Noch aufregender war die Reihe *The brain: our inner universe* (Das Gehirn: unser inneres Universum), die noch aktuellere Informationen bot. Aber auch weltweit wird wohl in den Medien regelmäßig über neue Forschungen informiert.

Nichtsdestoweniger ist der Begriff des „Reflexes" für den Laien nur sehr vage. Wir mögen eine blasse Erinnerung an den Pawlowschen Hund haben, der beim Ertönen einer Glocke Speichel absondert. Unser einziges persönliches Erleben von Reflexen besteht vielleicht darin, daß ein Arzt mit einem kleinen Hammer leicht an das Knie schlägt, um zu sehen, wie gut die Reflexe funktionieren.

Wir wissen vielleicht ein wenig über einen Würgreflex oder über das schnelle reflexartige Einatmen, wenn auf einen warmen Wasserstrahl ein kalter folgt. Der Gedanke, daß Reflexe einen Einfluß auf die Lernfähigkeit von Kindern haben, ist jedoch neu und – jedenfalls für die meisten von uns – seltsam. Der britische Physiologe Sir Charles Sherrington stellte dazu fest:

„Ein einfacher Reflex ist möglicherweise ein vollkommen abstraktes Konzept, weil alle Teile des Nervensystems miteinander verbunden sind und möglicherweise keines seiner Bestandteile jemals zu einer Reaktion fähig ist, ohne daß dies Auswirkungen auf andere

Teile hat oder von diesen beeinflußt wird. Als System
befindet es sich jedenfalls niemals in einem vollkom-
menen Ruhezustand."

Diese Komplexität ist es, die die Reflexe zu solch ausgezeichneten Straßen-
karten macht, anhand derer deutlich wird, was im Gehirn geschieht – und
zwar ohne auf Magnetresonanztomographien (MRT) und Positronenemis-
sionstomographien (PET) zurückgreifen zu müssen. Diese Komplexität ist
es auch, die das Wirken der Reflexe als eine Form der neurologischen Reka-
pitulation so ausgesprochen effektiv macht.

Am *Institute for Neuro-Physiological Psychology* (Institut für neurophysiologische Psychologie) in Chester (England) haben Peter Blythe und Sally
Goddard herausgefunden, daß Reflexe exakte Einsichten in die neurologische Organisation eines Menschen bieten. Und sie liefern uns nicht nur Hinweise, welche Schritte notwendig sind, um Kindern bei ihren Problemen zu
helfen, sie stellen auch ein Mittel zur Therapie dar, durch das Funktionen
wiederhergestellt werden können, die sich nicht vollständig entwickelt haben. Entsprechend dieser Therapie dienen Reflexe als eine Methode, anhand
derer ausgewertet werden kann, welcher Fortschritt erzielt wurde.

Grundsätzlich können zwei Gruppen von Gehirnforschern unterschie-
den werden: solche, die Kinder beobachten und von den Funktionen „normaler" Kinder lernen, und solche, die schreckliche Dinge mit Heuschrek-
ken, Katzen, Affen und Hühnerembryos anstellen und die daran die Hoffnung knüpfen, am Ende in der Lage zu sein, Kindern zu helfen. Erst kürz-
lich hat die Einführung von nicht eingreifenden Untersuchungen (MRT,
PET und CAT – dem Kinderapperzeptionstest) es möglich gemacht, ohne
operative Eingriffe oder Autopsien das Geheimnis der Frage zu erforschen,
auf welche Weise das Gehirn den Menschen beeinflußt. Das Ergebnis ist,
daß die neunziger Jahre zum „Jahrzehnt des Gehirns" erklärt worden sind;
diese aktuellen Forschungen stützen sich jedoch hauptsächlich auf die Arbeit der letzten zwanzig oder dreißig Jahre.

1986 bekam Rita Levi-Montcalcini den Nobelpreis für ihre Arbeit über
Nervenwachstumsfaktoren (NGF). Seitdem sind über hundert dieser Faktoren entdeckt und klassifiziert worden. In den späten siebziger Jahren war
den Forschern bekannt, daß spezielle Bewegungen zu Veränderungen im
Gehirn führen, sie wußten jedoch nicht, wie diese Veränderungen zustande-
kamen. Heute vergeht kaum eine Woche, in der nicht neue Erkenntnisse
darüber gewonnen werden, warum dieses geschieht. Wir kennen *Netrine* –
das sind Moleküle, die Axone an ihren Bestimmungsort führen oder andere
abwehren. Wir kennen andere chemische Markersubstanzen – *Collapsin*,

Connectin und *Semaphorin* – die Nervenzellen auf ihre jeweilig notwendigen Bahnen schicken oder sie in die richtige Richtung abwehren. Ebenso kennen wir Pionierzellen, die anscheinend die Möglichkeit haben, eine größere Zahl von Neuronen in eine spezifische Gehirnregion zu leiten.

Diese jüngsten Entdeckungen fügen dem Puzzle zur Frage „Wie funktioniert das Gehirn" neue Teile hinzu. Und trotzdem wird das Wunder der Gehirnfunktionen noch aufregender, je mehr wir darüber wissen – obwohl man doch annehmen könnte, daß unser immer größer werdendes Wissen das Gehirn weniger wundersam machen sollte.

All dieses Wissen beweist jedenfalls, daß die Therapiemöglichkeiten, die die Einbeziehung kindlicher Reflexe bieten, keine „Zauberei" sind, sondern auf der Struktur und den chemischen Vorgängen des Gehirns basieren. Und doch besteht das Ziel einer solchen Therapie darin, konkret zu helfen, und nicht, eine abstrakte statistische Zahl an Zellen in einer Laborschale zur Verfügung zu stellen.

Der Gewinn der Methode, Reflexe zu erforschen und die Ergebnisse in der Therapie umzusetzen, besteht darin, Kindern zu einem gut organisierten Gehirn zu verhelfen – denn dieses ist die Voraussetzung, leicht und erfolgreich zu lernen.

(Svea J. Gold, November 1995)

Vorwort zur deutschen Ausgabe

Wer kennt es nicht: Der Wunsch und die Notwendigkeit, Kindern mit Schul- und / oder Verhaltensproblemen zu helfen, führt häufig zu einer euphorischen Anfangsbegeisterung für neue Therapieansätze, die dann nur zu oft zu einer mehr oder weniger frustrierten Ernüchterung abflaut. Die Tatsache, dass eine ständig steigende Nachfrage bereits in kurzer Zeit zur 2. Auflage des vorliegenden Buches geführt hat und dass auch ein wachsendes Interesse an einer Fortbildung in dem vom Institut für Neurophysiologische Psychologie (INPP) in Chester / England entwickelten Behandlungsansatz u. a. bei Pädagogen, Ergotherapeuten, Physiotherapeuten zu verzeichnen ist, zeigt jedoch, dass hier ein offensichtlich hochbedeutsamer Puzzlestein vorgelegt wurde, der nicht nur von jedem nachvollziehbare Erklärungsmuster für Kinder bereitstellt, die trotz eindeutig vorhandener Intelligenz ihre Eltern und Lehrer damit überraschen, die in sie gesetzten Erwartungen nicht erfüllen zu können, sondern auch viele Lerntherapeuten die unsichtbare Bremse verstehen lässt, die manche Kinder daran hindert, trotz intensiver Bemühungen die erwünschten Fortschritte zu machen.

Die Theorie der persistierenden frühkindlichen Reflexe mit ihren z. T. tiefgreifenden Auswirkungen auf die weitere Entwicklung eines Kindes sowie der darauf aufbauende Behandlungsansatz, in langjähriger Forschungsarbeit und klinischen Praxis von Peter Blythe und Sally Goddard Blythe (INPP) entwickelt, hat nun in jüngster Zeit einer sorgfältigen Überprüfung nach standardisierten wissenschaftlichen Kriterien standgehalten. In der Februarausgabe 2000 der weltweit angesehenen medizinischen Fachzeitschrift *The Lancet* (Vol. 355) erschien der Bericht über eine an der *Queens' University* in Belfast durchgeführten kontrollierten Doppeltblindstudie, in der der wissenschaftliche Nachweis über die Wirksamkeit des vom INPP (Chester) entwickelten Bewegungsprogramms zur Ausreifung und Hemmung frühkindlicher Reflexe geführt wurde. Damit liegt ein Ergebnis vor, das die Akzeptanz des im vorliegenden Buch behandelten Ansatzes weiter vorantreiben wird, wird doch objektiv die Erfahrung bestätigt, die inzwischen viele Therapeuten weltweit in ihrer klinischen Praxis gemacht haben: daß nämlich frühkindliche Reflexe, die über den normalen Zeitpunkt ihrer Hemmung hinaus ihre Wirkung beibehalten, nicht nur zu einer pathologisch verlaufenden Bewegungsentwicklung wie z. B. bei der Zerebralparese führen, sondern auch auf subpathologischer Ebene ein „normal" erscheinendes Kind in den unterschiedlichsten Bereichen seiner Entwicklung – Bewegung, Wahrnehmung, Verhalten, Lernen – empfindlich beeinträchtigen können.

Wir leben in einer Zeit, in der sich die Ergebnisse aus der Gehirnforschung überstürzen. Es ist zu hoffen, daß damit noch mehr Erkenntnisse und darauf aufbauende Behandlungsstrategien zur Verfügung stehen werden, die den Kindern helfen können, denen so schwer zu helfen ist. Doch bei allen Fortschritten in den wissenschaftlichen Methoden: Bewegung ist die Grundlage allen Wachstums und Lernens.

Thake Hansen-Lauff (Leiterin der *International School for Neurodevelopmental Training and Research* in Deutschland, NDT/INPP)

Einleitung

In unserer modernen, wettbewerbsorientierten Welt neigen wir dazu, Schulerfolg als notwendigen Bestandteil für einen späteren Erfolg zu werten. Trotz sich verändernder Erziehungsmethoden und Anforderungen der uns umgebenden Welt ist der prozentuelle Anteil von Kindern mit Lernschwierigkeiten seit den siebziger Jahren im großen und ganzen unverändert geblieben. Der Terminus „Lernschwierigkeiten" wird inzwischen als Oberbegriff für eine überwältigende Anzahl verschiedener „Symptome", Erscheinungs- und Krankheitsbilder verwendet. Diese können im einen Extrem von Gehirnverletzungen über Autismus, Dyspraxie, Legasthenie und einen niedrigen Intelligenzquotienten (IQ) bis zu kleineren Schwierigkeiten in verschiedenen Schulfächern am weniger extremen Ende des Spektrums reichen. Innerhalb dieses gewaltigen Kategorienspektrums befindet sich eine Gruppe von Kindern, die allem Anschein nach „normal" sind, die allerdings im Schulunterricht versagen und trotz zusätzlichen Förderunterrichts keine Lösung ihrer spezifischen Lernschwierigkeiten erfahren.

Die folgenden Kapitel beschreiben einen Forschungsansatz zur neurologischen Entwicklung, mit dessen Hilfe das Rätsel der Lernschwierigkeiten eingeschätzt und angegangen werden kann. Führen herkömmliche und sogar alternative Lehrmethoden bei einer Schülerin oder einem Schüler nicht zum Erfolg, ist es an der Zeit, die neurologische Anlage des Kindes zu untersuchen, um zu sehen, ob es vielleicht eine physische Ursache für die ungenügenden Lernleistungen gibt. Ein Forschungsansatz zur neurologischen Entwicklung konzentriert sich auf die Einschätzung des Funktionierens der folgenden drei Systeme, die grundlegend für schulisches Lernen sind:

1. die Aufnahme von Informationen durch die Sinnesleitungen
2. die Verarbeitung sensorischer Information im Gehirn
3. das dem Kind zur Verfügung stehende Repertoire, mit dem es sich motorisch, sprachlich und in Schulleistungen ausdrücken kann.

Wir müssen überprüfen, ob das Kind seine Reaktionen kontrollieren und willentlich lenken kann oder ob es nach wie vor von frühkindlichen Reaktionsmustern beherrscht wird, die ihm nur unreife Reaktionen erlauben. Reaktionen dieser Art würden komplexere Fertigkeiten stören – wenn nämlich Probleme in der grundlegenden Organisation des Gehirns bestehen, werden sämtliche Verbindungen, die von dieser Organisation abhängig sind, eine inhärente Schwäche in sich tragen.

Das Auffinden zugrundeliegender Probleme ist unbedingt notwendig, wenn einem Kind wirkungsvolle Hilfe beim Bewältigen seiner Lernprobleme zukommen soll. Mittlerweile stehen Methoden zur Bewertung und Behandlung zur Verfügung, mit deren Hilfe Entwicklungsverzögerungen korrigiert und die Verarbeitung sensorischer Informationen gefördert werden können und die dem Kind reifere Reaktionsmuster bieten. Erst diese Grundlagen ermöglichen dem Kind, leichteren Zugang zu den Fertigkeiten Lesen, Schreiben und Buchstabieren zu finden. Die folgenden Kapitel führen aus, wie dieses erreicht werden kann; in ihnen werden die Theorie und Mechanismen beschrieben, die hinter diesen Methoden stecken. (Fachworte sind zum Teil in kursiver Schrift im Text oder aber im Glossar im Anhang erläutert; Anm. d. Vlg.)

Kapitel 1
Reflexe – ihre Auswirkung auf Erfolg oder Versagen in der Erziehung

Wenn ein Kind geboren wird, verläßt es das weiche, schützende Polster der Gebärmutter, um in eine Welt zu kommen, in der es von einer fast überwältigenden Masse an Sinnesreizen bestürmt wird. Es kann diese Gefühlsreize, die es umschließen, nicht interpretieren. Sind sie zu stark oder zu plötzlich, wird es auf sie reagieren, aber es ist nicht in der Lage, die eigene Reaktion zu verstehen. Es hat eine Welt des Gleichgewichts gegen eine Welt des Chaos eingetauscht; es hat die Wärme verlassen und findet Hitze und Kälte vor. Das Neugeborene wird nicht mehr automatisch mit Nahrung versorgt; es muß anfangen, bei der eigenen Nahrungsversorgung mitzuwirken. Es erhält auch nicht länger Sauerstoff aus dem Blut der Mutter, also muß es jetzt selbst atmen. Es muß beginnen, die Erfüllung seiner eigenen Bedürfnisse zu suchen und zu finden.

Um zu überleben, ist es mit einer Anzahl frühkindlicher Reflexe ausgestattet, die die unmittelbare Reaktion auf diese neue Umgebung und die sich verändernden Bedürfnisse sicherstellen sollen. Frühkindliche Reflexe sind automatische, stereotype Bewegungen, die vom Hirnstamm gelenkt und ohne Beteiligung des Kortex ausgeführt werden.

Bewußtsein ist nur möglich, wenn der Kortex am Geschehen beteiligt ist.

Die Reflexe sind grundlegend für das Überleben des Babys in den ersten Lebenswochen und bilden ein rudimentäres Training für viele spätere willensgesteuerte Fertigkeiten. Allerdings sollten die frühkindlichen Reflexe nur eine begrenzte Lebensdauer haben; sobald sie ihre Aufgabe erfüllt haben und dem Baby geholfen haben, die ersten riskanten Lebensmonate zu überleben, sollten sie durch höhere Zentren des Gehirns gehemmt oder kontrolliert werden. Dadurch wird die Entwicklung höher entwickelter Nervenstrukturen ermöglicht, die dem Kleinkind dann die Kontrolle über willentliche Reaktionen ermöglichen.

Bleiben diese frühkindlichen Reflexe jedoch nach dem 6. bis 12. Lebensmonat aktiv, werden sie als abweichend eingestuft; das Vorhandensein der Reflexe weist dann auf eine strukturelle Schwäche oder Unterentwicklung innerhalb des Zentralen Nervensystems (ZNS) hin. Eine anhaltende

Aktivität der frühkindlichen Reflexe kann ebenfalls die Entwicklung der nachfolgenden Halte- und Stellreflexe verhindern, die jetzt auftreten sollten, um dem sich entwickelnden Kind die erfolgreiche Interaktion mit seiner Umwelt zu ermöglichen. Frühkindliche Reflexe, die über das Lebensalter von sechs Monaten hinaus noch aktiv sind, können das Beibehalten unreifer Verhaltensmuster verursachen; es ist auch möglich, daß trotz des Erwerbs späterer Fertigkeiten unreife Systeme vorherrschend bleiben. Ein Elternteil beschrieb sein Kind so: „Da ist immer noch ein Kleinkind im Körper eines zehnjährigen Kindes aktiv."

Je nachdem, wie stark die Reflexaktivität von der normalen Entwicklung abweicht, kann diese schlechte Organisation der Nervenzellen eine oder alle Funktionsgebiete betreffen; nicht nur die grob- oder feinmotorische Koordination, sondern auch sensorische Wahrnehmung, Kognition und Ausdrucksvermögen.

Wahrnehmung ist das Registrieren sensorischer Information im Gehirn.
Kognition ist die Interpretation und das Verstehen dieser Information.

Die „Grundausstattung", die für das Lernen unerläßlich ist, wird trotz adäquater intellektueller Fertigkeiten fehlerhaft oder ineffizient sein. Es ist, als ob spätere Fertigkeiten an eine frühere Entwicklungsstufe gebunden bleiben und, anstatt automatisiert zu werden, nur durch kontinuierliche bewußte Anstrengung ausgeführt werden können.

Die frühkindlichen Reflexe erscheinen bereits im Mutterleib, sind bei der Geburt vorhanden und sollten mit ungefähr 6 Monaten, spätestens aber im Alter von 12 Monaten gehemmt werden.

Die Hemmung eines Reflexes steht oft mit dem Erwerb einer neuen Fertigkeit in Beziehung; das Wissen über die Reflexchronologie und die normale kindliche Entwicklung sollte also kombiniert werden, damit vorausgesagt werden kann, welche spätere Fertigkeit vielleicht als direkte Folge eines beibehaltenen frühkindlichen Reflexes beeinträchtigt worden ist. So wie der oben zitierte Elternteil von dem Kleinkind berichtete, das noch immer im Körper des Schulkindes aktiv ist, können wir sagen, daß die abweichenden Reflexe uns Aufschlüsse über die Faktoren geben können, die spätere Fertigkeiten aktiv behindern.

Hemmung ist die Unterdrückung einer Funktion durch die Entwicklung einer anderen Funktion. Die erste Funktion wird in die zweite integriert.

Enthemmung tritt in der Folge von Traumata auf; auch im Verlauf der Alzheimerschen Krankheit, bei der Reflexe in umgekehrter chronologischer Reihenfolge auftauchen.

Ein Aufdecken abweichender frühkindlicher Reflexe kann dazu beitragen, die Ursachen für das Problem eines Kindes derart zu isolieren, daß zusätzliche Förderung effektiver und zielgerichtet eingesetzt werden kann. Ist das Reflexprofil nur leicht abweichend, sind Unterrichtsstrategien *allein* normalerweise ausreichend. Kinder, die einen mäßigen Grad an Reflexanomalie zeigen, werden vielleicht von einer Kombination von speziellem Unterricht und Bewegungstraining, ausgerichtet auf die Förderung von Gleichgewicht und Koordination, profitieren. Falls allerdings eine Häufung abweichender Reflexe vorhanden ist, sprechen wir von der Existenz einer neurophysiologischen Entwicklungsverzögerung. In solchen Fällen wird das Kind nur nach einem individuell zugeschnittenen *Programm zur Reflexhemmung*, mit dem die noch vorhandenen abweichenden Reflexe behandelt werden, in der Lage sein, eine dauerhafte Verbesserung zu erzielen.

Ein *Programm zur Reflexhemmung* besteht aus spezifischen stereotypen Bewegungen, die über einen Zeitraum von neun bis zwölf Monaten etwa fünf bis zehn Minuten täglich in Form eines Trainingsprogramms durchgeführt werden. Basis dieses Bewegungsprogramms sind die detaillierte Kenntnis der Reflexchronologie und der normalen kindlichen Entwicklung. Thelan (1979) beobachtete, daß alle Babys während ihres ersten Lebensjahres eine Reihe stereotyper Bewegungen ausführen. Das *Institute for Neuro-Physiological Psychology* (Institut für neurophysiologische Psychologie) in Großbritannien und Schweden vertritt die Auffassung, daß spezifische Bewegungsmuster, die in den ersten Lebensmonaten auftreten, eine natürliche Reflexhemmung beinhalten; demnach bleiben diese Reflexe bei einem Kind, das diese Bewegungen niemals in der richtigen Abfolge ausgeführt hat, im Erwachsenenalter aktiv. Durch die Anwendung stilisierter, in einer bestimmten Reihenfolge angeordneter und täglich ausgeführter Bewegungen ist es somit möglich, dem Gehirn eine „zweite Chance" zu geben, jene reflexhemmenden Bewegungsmuster zu registrieren, wie es schon zu einem früheren, angemessenen Zeitpunkt in der Entwicklung hätte geschehen sollen. Sobald die abweichende Reflexaktivität korrigiert ist, werden viele der körperlichen, lernspezifischen und emotionalen Probleme des Kindes verschwinden.

Ein Reflex ist eine unwillkürliche Reaktion auf einen Reiz und den gesamten physiologischen Prozeß, der ihn aktiviert.

Jeder Reflex spielt eine entscheidende Rolle, wenn es darum geht, spätere Funktionen vorzubereiten. Um zu verstehen, was falsch läuft, wenn Reflexe abweichend werden, ist es wichtig zu verstehen, welche Aufgabe die einzelnen Reflexe normalerweise erfüllen. Hierfür müssen wir zu den frühesten Lebenswochen des Embryos zurückkehren – gerade fünf Wochen nach der Empfängnis. Zu diesem Zeitpunkt beginnt der Embryo, Reaktionen auf äußere Reize zu zeigen. Ein sanftes Berühren der Oberlippe wird den

Embryo veranlassen, sich in einer amöbenähnlichen Reaktion diesem Reiz sofort zu entziehen. Nur wenige Tage später wird sich diese sensible Zone ausgebreitet haben und wird nun auch die Handflächen und Fußsohlen einschließen, bis schließlich die gesamte Körperoberfläche empfindlich auf Berührungen reagiert. In diesem Stadium besteht die Reaktion jedoch immer in einem Rückzug von der Kontaktquelle; es ist eine Reaktion des ganzen Körpers. Während sich das taktile Bewußtsein entwickelt, nimmt das Sich-Zurückziehen bei Kontakt langsam ab.

Die Entwicklung des Nervensystems – nicht das chronologische Alter – bestimmt, in welchem Alter der jeweilige Reflex entsteht und zu welchem Zeitpunkt er gehemmt wird. Somit können das Vorhandensein oder Nicht-Vorhandensein von Reflexen in Schlüsselstadien der Entwicklung als diagnostische Zeichen der Reife des Zentralen Nervensystems (ZNS) dienen.

Wenn die Rückzugsreflexe langsam schwächer werden – vermutlich in der neunten Schwangerschaftswoche – bildet sich der erste frühkindliche Reflex heraus. Der Moro-Reflex erscheint neun bis zwölf Wochen nach der Empfängnis und entwickelt sich kontinuierlich während der Schwangerschaft, so daß er zum Zeitpunkt der Geburt vollständig vorhanden ist. Im folgenden werden die verschiedenen Reflexe im Überblick dargestellt.

Frühkindliches Reflexprofil

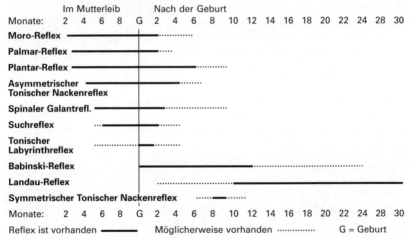

| | | Reflex ist vorhanden ——— | Möglicherweise vorhanden ·············· | G = Geburt |

Der Moro-Reflex

Entstehung: 9. Schwangerschaftswoche.
Bei der Geburt: Vollständig vorhanden.
Hemmung: 2.-4. Lebensmonat.

Auslöser des Moro-Reflexes

1. Plötzliche, unerwartete Reize jeglicher Art.
2. Stimulation des Labyrinthes (Gleichgewichtsorgan im Innenohr) bei Änderung der Kopfhaltung (vestibulär).
3. Geräusche (auditiv).
4. Plötzliche Bewegung oder plötzlicher Lichtwechsel im Gesichtsfeld (visuell).
5. Schmerz, Temperaturänderungen oder unsanfte Berührung (taktil).

Körperliche Reaktionen auf den Moro-Reflex

1. Unmittelbare Erregung.
2. Schnelles Einatmen, kurzes „Erstarren" oder „Aufschrecken", gefolgt von Ausatmen – oft begleitet von einem Schrei.
3. Aktivierung der Kampf- oder Fluchtreaktion, die automatisch das sympathische Nervensystem aktiviert und die folgenden Konsequenzen hat:

- Freisetzung der Streßhormone Adrenalin und Cortisol
- Anstieg der Atemfrequenz, besonders in den oberen Lungenflügeln (Hyperventilation).
- Beschleunigung des Herzschlages.
- Anstieg des Blutdrucks.
- Rötung der Haut.
4. Eventuell Gefühlsausbrüche, zum Beispiel Wut oder Tränen.

Langzeitreaktionen: Schwach entwickelter CO^2-Reflex

Der CO^2-Reflex verursacht die spontane Inhalation durch den oberen und unteren Teil der Lungen. Steigt der CO^2-Wert im Blut zu sehr an, finden chemische Veränderungen in der Medulla statt, wodurch dann die Arterien geöffnet werden, um die Blutversorgung des Gehirns zu verstärken und gleichzeitig ein tiefes Atmen zu bewirken.

Der Moro-Reflex umfaßt eine Reihe von schnellen Bewegungen in Reaktion auf plötzliche Reize. Er besteht in einer plötzlichen symmetrischen Aufwärtsbewegung der Arme – weg vom Körper – begleitet von einem Öffnen der Hände, kurzem Erstarren und einer schrittweisen Rückkehr zu einer Haltung, in der die Arme in einer Umklammerungshaltung um den Körper gelegt werden. Die Abduktion wird von einem plötzlichen Einatmen begleitet. Die Adduktion erleichtert das Ausatmen dieser Luft. Moro hat 1918 die Auffassung vertreten, daß es sich hier im wesentlichen um einen Greifreflex handelt, analog zu dem Reflex, den wir bei jungen Menschenaffen beobachten können, die sich instinktiv an ihre Mutter klammern. Er bezeichnete ihn als „Umklammerungsreflex".

Abduktion ist das Öffnen der Arme und Beine nach außen.

Adduktion ist das Schließen der Arme und Beine wie zum Umarmen oder Greifen.

Der Moro-Reflex ist eine unwillkürliche Reaktion auf eine Bedrohung. Das Baby ist noch nicht in der Lage, von außen kommende Sinneseindrücke zu analysieren, um dann feststellen zu können, ob sie wirklich eine Bedrohung darstellen oder nicht. Der Hirnstamm löst eine unmittelbare Moro-Reaktion aus, so als wenn ein Notschalter automatisch betätigt worden wäre. Er fungiert als die früheste Form der Kampf- oder Fluchtreaktion und kann in Situationen extremer Gefahr gelegentlich auch noch später im Leben ausgelöst werden. Grundsätzlich sollte er in seiner Grobform jedoch im Alter von zwei bis vier Monaten gehemmt werden. Seine Rolle als Überlebensmechanismus in den ersten Lebensmonaten besteht darin, „Alarm zu schlagen" und Hilfe herbeizuholen. Es wird auch angenommen, daß er einen beträchtlichen Anteil an der Entwicklung des kindlichen Atemmechanismus im Mutterleib hat – dieses trifft mit den frühesten atmungsähnlichen Bewegungen im Mutterleib zusammen, die sich bisher beobachten ließen. Er ermöglicht auch den ersten Atemzug gleich bei der Geburt (häufig ausgelöst vom Klaps der Hebamme auf den Po des Neugeborenen oder dadurch, daß sie das Baby an den Füßen kurz kopfüber hält) und hilft, die Luftröhre zu öffnen, falls Erstickung droht.

Wird der Moro-Reflex nicht im Alter von zwei bis vier Monaten gehemmt, wird sich dies als Hypersensitivität des Kindes in einem oder in mehreren sensorischen Kanälen auswirken; es wird dann auf bestimmte Reize überreagieren. Plötzliche Geräusche, Licht, Bewegungen oder Veränderungen von Haltung oder Balance – jeder dieser Reize kann den Reflex in unerwarteten Momenten auslösen, so daß sich das Kind ununterbrochen in „Alarmbereitschaft" und in einem Stadium erhöhter Aufmerksamkeit befindet.

Während des größten Teiles seiner wachen Zeit befindet sich das Moro-geleitete Kind immer an der Schwelle der Kampf- oder Fluchtbereitschaft, gefangen in einem Teufelskreis: Die Reflexaktivität regt die Produktion von Adrenalin und Cortisol (Streßhormone) an. Eben diese Hormone erhöhen die Sensibilität und das Reaktionsvermögen, so daß sowohl der Auslöser als auch die Reaktion innerhalb desselben Systems vorhanden sind – sie sind quasi beide „eingebaut". Ein solches Kind mag uns als ein Paradox erscheinen: einerseits außerordentlich sensibel, aufnahmefähig, phantasievoll und einfallsreich, andererseits unreif und zu Überreaktionen neigend. Diesen Zustand wird es auf eine von zwei Weisen bewältigen: entweder wird aus ihm ein ängstliches Kind, das oft mit Rückzug reagiert, das Schwierigkeiten hat, Kontakte zu finden, und Zuneigung weder mit Leichtigkeit zeigen noch annehmen kann; oder aus ihm kann auch ein überaktives, aggressives Kind werden, das sich leicht aufregt, unfähig ist, Körpersprache zu verstehen, und Situationen gern dominiert. Jedes der beiden Kindertypen wird dazu neigen, Situationen manipulieren zu wollen, da es versucht, Strategien zu finden, die ihm ein gewisses Maß an Kontrolle über seine eigenen emotionalen Reaktionen gewähren.

Adrenalin und Cortisol gehören zu den Hauptabwehrstoffen des Körpers gegen Allergien und Infektionen. Wenn beide im Leben des Kindes ständig sozusagen als „Leitmotiv" aktiv sind, werden sie von ihrer primären Funktion abgelenkt, so daß Vorräte beider Stoffe im Körper unzureichend vorhanden sind und ausreichende Immunität und eine ausgewogene Reaktion auf mögliche Allergene eventuell nicht mehr gewährleistet ist. Solch ein

Kind gehört dann vielleicht zu jenen, die sich jeden Husten und jede Erkältung einfangen, die gerade im Umlauf sind, und die auf bestimmte Medikamente besonders heftig reagieren. Ein solches Kind reagiert vielleicht überempfindlich auf bestimmte Lebensmittel oder Lebensmittelzusätze, was sich wiederum auf sein Verhalten und seine Konzentration auswirken wird. Es wird auch dazu neigen, Blutzucker schneller als andere Kinder zu verbrennen, was Stimmungs- und Leistungsschwankungen weiterhin verstärken wird.

Ein Kind, das nach wie vor über einen Moro-Reflex verfügt, wird die Welt als zu sehr mit hellen, lauten und aggressiven sensorischen Reizen angefüllt erleben. Seine Augen werden von jedem Lichtwechsel und jeder Bewegung innerhalb des Gesichtsfelds angezogen werden. Seine Ohren werden vielleicht eine zu große Masse akustischer Information empfangen. Es kann irrelevante Reize nicht ausfiltern oder „außen vor lassen" und neigt so dazu, sich sehr schnell mit Reizen überladen zu lassen. Als Ergebnis wird es „stimulusgebunden".

Als „stimulusgebunden" gilt die Unfähigkeit, irrelevante Sinneseindrücke auszufiltern und zu ignorieren. Neugeborene beobachten reflexartig alles, was in ihr Gesichtsfeld dringt.

Arnheim (1969) bemerkte dazu:

„Zu viele Eindrücke aus verschiedenen sensorischen
Quellen, die gleichzeitig auf einen Verstand einstürmen, der diese Reize bisher nicht einzeln erlebt hat,
verschmelzen für diesen Verstand zu einem einzigen
ungeteilten Objekt."

Welches also sind die Symptome, die Eltern oder Lehrer als Hinweise auf einen deutlich fortbestehenden, nicht kontrollierten Moro-Reflex erkennen können?

Langzeitwirkungen eines beibehaltenen Moro-Reflexes

1. Vestibuläre (Gleichgewichts-) Probleme wie Reiseübelkeit, schlechte Balance und Koordination, was sich vor allem bei Ballspielen zeigt.
2. Körperliche Furchtsamkeit.
3. Okulomotorische Probleme und Probleme mit der visuellen Wahrnehmung, wie zum Beispiel Stimulusgebundenheit (das Kind ist nicht in der Lage, irrelevante visuelle Informationen innerhalb eines bestimmten Gesichtskreises zu ignorieren, so daß der Blick immer wieder zur Periphe-

rie einer Form oder Gestalt gezogen wird – dies geschieht auf Kosten der Wahrnehmung innerer Merkmale).

4. Mangelhafte Reaktion der Pupillen auf Licht; Lichtempfindlichkeit; Schwierigkeiten bei schwarzer Schrift auf weißem Papier. Das Kind ermüdet leicht bei Neonlicht.

Bei sehr hellem Licht sollten sich die Pupillen automatisch zusammenziehen, um die Lichtmenge, die auf das Auge trifft, zu verringern. Bei gedämpftem Licht sollten sie sich sehr schnell erweitern, damit so viel Licht wie möglich auf die Netzhaut trifft. Ein Versagen dieser Funktionen kann Lichtempfindlichkeit und / oder schlechte Nachtsicht zum Ergebnis haben.

5. Mögliche auditive Verwirrung, bedingt durch Überempfindlichkeit auf spezifische Geräusche. Das Kind ist eventuell nur schlecht in der Lage, akustische Reize auseinanderzuhalten und voneinander zu unterscheiden (auditive Diskriminierungsprobleme); ebenso kann es Schwierigkeiten damit haben, Hintergrundgeräusche auszublenden.

6. Allergien und Immunschwächen (zum Beispiel Asthma, Ekzeme) oder eine Krankengeschichte häufiger Infektionen im Hals-, Nasen-, Ohrenbereich.

7. Ungünstige Reaktionen auf Medikamente.

8. Schlechtes Durchhaltevermögen, mangelnde Ausdauer.

9. Abneigung gegen Veränderungen oder Überraschungen – schlechte Anpassungsfähigkeit.

10. Schlecht entwickelter CO_2-Reflex.

11. Reaktive Hypoglykämie.

Während andere fortbestehende Reflexe dazu neigen, sich auf spezifische Fertigkeiten auszuwirken, hat der Moro-Reflex Auswirkungen auf das gesamte emotionale Profil des Kindes.

Mögliche sekundäre psychologische Symptome

1. Zustand ständiger Ängstlichkeit, die anscheinend keinen Realitätsbezug hat.

2. Überschießende Reaktionen auf Reize:
   - Stimmungsschwankungen; emotionale Labilität.
   - Fester Muskeltonus (Körper-„Panzer").
   - Schwierigkeiten, Kritik zu akzeptieren, da ein solches Kind große Probleme damit hat, sich zu verändern.

3. Phasen von Hyperaktivität, gefolgt von übermäßiger Ermüdung.

4. Schwierigkeiten, Entscheidungen zu treffen.
5. Schwaches Ego, geringes Selbstwertgefühl:
   - Gefühl der Unsicherheit / Abhängigkeit.
   - Das Bedürfnis, Situationen zu „kontrollieren" oder zu „manipulieren".

Da der Moro-Reflex als erster frühkindlicher Reflex auftaucht, bildet er einen Eckstein im Fundament des Lebens. Er ist unbedingt notwendig für das Überleben des Neugeborenen, aber es wird tiefgreifende Folgen haben, wenn er nicht zur richtigen Zeit gehemmt und in eine erwachsene Schreckreaktion umgewandelt wird.

Die erwachsene Schreckreaktion besteht aus einem schnellen Hochziehen der Schultern, gefolgt von einer Drehung des Kopfes, um die Störquelle herauszufinden; sobald diese identifiziert ist, fährt das Kind mit dem fort, was es gerade getan hat.

Der Palmar-Reflex

Entstehung: 11. Schwangerschaftswoche.
Bei der Geburt: Vollständig vorhanden.
Hemmung: 2.-3. Lebensmonat.
Umwandlung: Schrittweise Entwicklung vom unwillkürlichen Greifen über loslassen zur verfeinerten Kontrolle über die Finger. Wird mit 36 Wochen vom Pinzettengriff abgelöst.

Der Palmar-Reflex gehört zu der Gruppe von Reflexen, die sich im Mutterleib bilden und zu deren gemeinsamen Merkmalen das Greifen gehört. Eine leichte Berührung oder ein leichter Druck auf die Handinnenfläche führt zum Schließen der Finger. Etwa 18 Wochen nach der Empfängnis hat sich diese Reaktion so weit entwickelt, daß ein Greifreflex ausgelöst wird, als Antwort auf ein Ziehen der Fingersehnen. Diese beiden Reaktionen sollten sich während der Zeit im Mutterleib verstärken und bei der Geburt voll entwickelt sein. Während der ersten zwölf Lebenswochen sollten sie deutlich aktiv sein; mit vier bis sechs Monaten sollten sie allerdings umgewandelt werden, so daß das Kind einen Gegenstand zwischen Daumen und Zeigefinger in einem Pinzettengriff halten kann. Die Fähigkeit, einen

Gegenstand loszulassen, entwickelt sich einige Wochen später, das Loslassen muß oft wiederholt werden, bevor das Kind eine gute manuelle Geschicklichkeit erreichen kann.

Sowohl der Palmar- (in der Hand) als auch der Plantar-Reflex (am Fuß, der hier nicht weiter behandelt werden soll; Anm.d.Vlg.) werden als Rest einer früheren Stufe der menschlichen Evolution angesehen, als es für das Neugeborene noch notwendig war, sich an der Mutter festzuklammern, da ihm dieses Sicherheit bot. Es besteht auch eine direkte Verbindung zwischen dem Palmar-Reflex und dem Stillen in den ersten Lebensmonaten. Der Palmar-Reflex kann durch Saugbewegungen ausgelöst werden; diese Saugbewegungen können dazu führen, daß das Neugeborene im Rhythmus des Saugens knetende Bewegungen mit den Händen macht (Babkin-Reaktion). Sowohl der Mund als auch die Hände sind für das Neugeborene die wichtigsten Mittel, sich auszudrücken und seine Umwelt zu erforschen. Eine fortgesetzte Aktivität dieser Reflexe kann bleibende negative Auswirkungen auf die feinmotorische Koordination, Sprache und Artikulation haben, sofern sie nicht zum richtigen Zeitpunkt gehemmt werden.

Die Auswirkungen der neurologischen Zusammenhänge von Handflächen und Mund des Neugeborenen können häufig beobachtet werden, wenn das Kind beginnt, schreiben oder zeichnen zu lernen. Bis ihm diese Aufgabe wirklich leicht fällt, wird das Kind sich die Lippen lecken oder auf die eine oder andere Weise den Mund verziehen. Von Lehrern mag dann oft die Ermahnung „Du schreibst doch nicht mit der Zunge!" zu hören sein. Optometristen, die entwicklungsbezogen arbeiten, bezeichnen dies als „Overflow"; sie werten es als Fortschritt in der Sehfähigkeit des Kindes, wenn dieser Overflow schwindet.

Bleibt der Palmar-Reflex erhalten, kann das Kind die nachfolgenden Stadien des Loslassens und der Fingerbeweglichkeit nicht durchlaufen. Gesell (1939) beschrieb diesen Prozeß so:

„Willkürliches Greifen (zum Beispiel, um einen Gegenstand zu erreichen) verläuft in proximodigitaler Entwicklung. Frühes Greifen dagegen geschieht in groben Bewegungen der Handflächen, bei denen die drei Ulnar-Finger dominieren, während der Daumen praktisch inaktiv bleibt. Diese Form des Greifens wird später von einem verfeinerten Greifen mit den Fingerspitzen abgelöst, das vor allem durch die Opposition des Daumens, der Dominanz des Zeigefin-

gers, Aktionsbereitschaft und die Anpassung des
Fingerdrucks an das Gewicht des zu greifenden Gegenstandes charakterisiert wird."

Dieses kann nur geschehen, wenn der Palmar-Reflex gehemmt wird.
*Proximo-distal bezeichnet die Entwicklung der kindlichen Muskelkon-
trolle vom Zentrum nach außen.*
Ulnar-Finger sind die ersten drei Finger (vom kleinen Finger aus gezählt).

Langzeitwirkungen eines beibehaltenen palmaren Greifreflexes

1. Geringe manuelle Geschicklichkeit. Der Palmar-Reflex wird unabhängige Bewegungen von Daumen und Fingern verhindern.
2. Fehlen des Pinzettengriffes, was die Stifthaltung beim Schreiben beeinflussen wird.
3. Sprachschwierigkeiten; die durch die Babkin-Reaktion bedingte fortgesetzte Beziehung zwischen Handbewegungen und Mundbewegungen
   wird die Entwicklung unabhängiger Muskelkontrolle im vorderen
   Mundbereich verhindern, was sich wiederum auf die Artikulation auswirken wird.
4. Die Handfläche bleibt eventuell überempfindlich für taktile Reize.
5. Schreiben und Zeichnen werden von Mundbewegungen begleitet.

Ein Palmar-Reflex, der über das Alter von vier bis fünf Monaten hinaus beibehalten wird, wird die manuelle Geschicklichkeit und sogar die Fähigkeit
zu jeglicher manueller Betätigung behindern. Die Handschrift wird betroffen sein, da das Kind nicht in der Lage sein wird, auf reife Art einen Stift zu
halten. Das Sprechen wird eventuell ebenfalls in Mitleidenschaft gezogen, da
die fortgesetzte Beziehung zwischen Handbewegungen und Mundbewegungen die Entwicklung der unabhängigen Kontrolle über die Muskeln im
vorderen Mundbereich verhindern wird. Eine undeutliche Aussprache ist
vielleicht nur eine von mehreren Folgen.

Der Asymmetrische Tonische Nackenreflex

Entstehung: 18. Schwangerschaftswoche.
Bei der Geburt: Vollständig vorhanden.
Hemmung: Etwa 6 Monate nach der Geburt.

Kopfbewegungen des Babys zu einer Seite führen zu einem gleichzeitigen reflexhaften Ausstrecken eines Armes und eines Beines zu der Seite, in die es den Kopf dreht, außerdem zu einer Beugung der okzipitalen Gliedmaßen.

Okzipitale Gliedmaßen sind Arm und Bein auf der Hinterhauptseite.

Der Asymmetrische Tonische Nackenreflex spielt vom Zeitpunkt seines Erscheinens im Mutterleib bis zum Alter von ungefähr sechs Monaten nach der Geburt eine aktive Rolle. Während der Zeit im Mutterleib sollte er eine spezifische Bewegung ermöglichen (Mütter spüren dann Stöße oder Tritte), den Muskeltonus entwickeln und vestibuläre Stimulation bieten.

Im Mutterleib stellt der Asymmetrische Tonische Nackenreflex kontinuierliche Bewegung bereit, wodurch das Gleichgewichtssystem und die vermehrte Bildung neuraler Verbindungen angeregt werden.

Zu dem Zeitpunkt, zu dem der Fötus bereit für die Geburt ist, sollte der Reflex vollständig entwickelt sein, so daß er seine Rolle beim Geburtsprozeß einnehmen kann. Die Wehen sollten nicht einsetzen, bevor der Fötus ausgewachsen ist, denn dann können sich Mutter und Baby als Partner gemeinsam durch den Geburtsvorgang arbeiten. Wenn das zweite Stadium der Wehen erreicht ist, sollte das Baby mithelfen, sich im Rhythmus der Wehen der Mutter durch den Geburtskanal nach unten zu schrauben. Die aktive Beteiligung des Babys hierbei hängt von einem vollständig entwickelten Asymmetrischen Tonischen Nackenreflex ab. Der Reflex wird durch den Massageeffekt aktiviert, den die Wehen der Mutter haben. Wenn der Kopf des Babys erscheint, sollte die Hebamme den Kopf sanft von einer Seite auf die andere drehen. Dadurch wird der Asymmetrische Tonische Nackenreflex aktiviert, und das Baby wird keine Schwierigkeiten mehr haben, die letzten Zentimeter seiner unsicheren Reise hinter sich zu bringen. Zudem wird der Geburtsvorgang den Reflex (gemeinsam mit anderen Reflexen) verstärken, so daß er sich in den ersten Lebensmonaten fest etablieren und aktiv sein kann.

Der Asymmetrische Tonische Nackenreflex stellt nicht nur eine Hilfe beim Geburtsvorgang dar, sondern wird durch diesen auch verstärkt. Das mag ein Grund dafür sein, daß für Kinder, die durch einen Kaiserschnitt auf die Welt gebracht werden, ein größeres Risiko für Entwicklungsverzögerungen besteht. Während der Neugeborenenphase sichert der Asymmetrische Tonische Nackenreflex, daß die Luftröhre frei zum Atmen ist, wenn das Kind auf dem Bauch liegt. Er verstärkt den Streckmuskeltonus, wobei er jeweils eine Seite des Körpers trainiert und so die Grundlage für spätere gezielte Greif- und Streckbewegungen bildet.

DeMyer (1980) beschreibt den Reflex als

„die erste Augen-Hand-Koordination, die stattfindet. Sie ist zu dem Zeitpunkt, an dem die visuelle Fixierung naher Gegenstände sich entwickelt, vorhanden, und es scheint, als ob das Nervensystem dafür sorgt, daß der betreffende Arm in Richtung auf den angepeilten Gegenstand ausgestreckt wird. Indem die Hand den Gegenstand berührt, werden die Grundlagen des Bewußtseins für die Entfernung (Armeslänge) sowie der Koordination von Augen und Händen gelegt." (Zitiert nach Holt, 1991.)

Mit ungefähr sechs Monaten sollte der Asymmetrische Tonische Nackenreflex seine Aufgabe erfüllt haben; das sich entwickelnde Gehirn sollte jetzt weitere Bewegungsmuster ermöglichen, die auch die Hemmung dieses Reflexes enthalten und dazu beitragen, daß das Kind komplexere Fertigkeiten entwickelt. Das Fortbestehen des Reflexes würde zahlreiche Funktionen beeinträchtigen. Es ist zum Beispiel unmöglich, in einer fließenden Kreuzmusterbewegung auf dem Bauch zu kriechen, wenn der Asymmetrische Tonische Nackenreflex fortbesteht. Kriechen und Krabbeln sind wichtig für die weitere Entwicklung der Koordination von Händen und Augen sowie für die Integration vestibulärer Information mit anderen Sinneswahrnehmungen. Die Myelinisation des Zentralen Nervensystems (ZNS) wird während dieser Prozesse unterstützt.

Ein Kind, daß den Asymmetrischen Tonischen Nackenreflex noch besitzt, wenn es laufen lernt, wird unter Umständen Gleichgewichtsschwierigkeiten haben. Eine Bewegung des Kopfes nach rechts oder links wird eine Streckung der Gliedmaßen auf der jeweiligen Seite zur Folge haben und so das Gleichgewichtszentrum durcheinanderbringen und homolaterale Bewegungen bewirken.

Wenn das Kind läuft und die linke Hand nach vorn schwingt, während der linke Fuß sich nach vorn bewegt und ebenso die rechte Hand gleichzeitig mit dem rechten Fuß bewegt, wird das Ergebnis ein roboterhafter Gang sein. Dieser Gang wird andere Kinder bemerken lassen, daß hier etwas anders ist, und das Kind wird leicht zum Ziel für Hänseleien. Beim Sport werden Übungen, wie das Werfen oder Kicken eines Balls schwerfällig und unbeholfen erscheinen.

Der fortbestehende Reflex wird zu Schwierigkeiten dabei führen, die Mittellinie des Körpers von einer Seite auf die andere zu überkreuzen, so daß dem Kind der Übergang vom einfachen Greifen eines Gegenstandes zur Handhabung mit beiden Händen nicht gelingt. Ebenfalls wird es nicht in der Lage sein, mit der Zeit die Präferenz *einer* Hand, *eines* Beines oder *eines* Ohres zu etablieren; wenn es keine dominante Seite gibt, wird immer ein gewisses Moment des Zögerns in den Bewegungen des Kindes zurückbleiben. Es wird zum Beispiel nicht entscheiden können, mit welcher Hand es einen Hammer, einen Bleistift oder einen Ball aufnehmen soll. Da diese Wahl nicht automatisiert wird, muß jede Bewegung bewußt gemacht werden. Dieses wird sich zu einer unnötigen Streßursache entwickeln.

Ein sechs Monate altes Baby, das nach wie vor über diesen Reflex verfügt, wird Schwierigkeiten beim Übergang zu der Fertigkeit haben, einen Gegenstand von einer Hand in die andere zu befördern. Diese Fertigkeit wird normalerweise mit ungefähr 28 Wochen erworben. Der Asymmetrische Tonische Nackenreflex entwickelt sich zu einer unsichtbaren Barriere, die es verhindert, die Mittellinie des Körpers zu überkreuzen. Der ganze Körper wird Tätigkeiten nach wie vor dergestalt ausführen wollen, daß jeweils nur eine Körperhälfte gebraucht wird, wodurch ein fließender Wechsel beidseitiger Bewegung beeinträchtigt wird.

Auch die Bewegung der Augen wird betroffen sein, da das Kind im Bereich der Mittellinie stimulusgebunden bleibt. Fordert man ein solches Kind auf, einem Gegenstand mit den Augen zu folgen, der auf einer waagerechten Linie langsam vor ihm herbewegt wird, wird es ein leichtes Zögern der Augen beim Überqueren der Gesichtsmitte zeigen. Das gleiche Zögern wird später auch fließende Bewegungen der Augen beim Lesen verhindern.

Erst in der zweiten Hälfte des ersten Lebensjahres beginnt das Kind, eine gute Weitsicht zu entwickeln, und ein beibehaltener Asymmetrischer Tonischer Nackenreflex kann dazu führen, daß das Kind nicht über eine Entfernung, die über eine Armlänge hinausgeht, scharf sieht: Die nächste Stufe in der Entwicklung der Weitsicht wird behindert. Die Fertigkeit, ein anvisiertes bewegliches Ziel mit den Augen zu verfolgen, wird ebenfalls beeinträchtigt, was später auch Auswirkungen auf das Lesen, Schreiben und Buchstabieren haben wird.

In der Schule wird sich zeigen, daß die Handschrift ein eindeutiges Opfer eines beibehaltenen Asymmetrischen Tonischen Nackenreflexes ist. Jedesmal, wenn das Kind den Kopf wendet, um auf die Heftseite zu schauen, auf der es gerade schreibt, wird sein Arm sich ausstrecken und die Hand sich öffnen wollen. So wird es einen enormen Aufwand bedeuten, wenn das Kind ein Schreibgerät über eine bestimmte Zeitdauer halten und benutzen will. Es ist, als wäre ein Gummiband mit dem einen Ende am Stift und mit dem anderen an der Ecke des Tisches befestigt. Das Kind kämpft permanent gegen eine unsichtbare Kraft. Mit der Zeit mag es lernen, dieses dadurch zu kompensieren, daß es einen unreifen Bleistiftgriff benutzt und übermäßigen Druck auf das Schreibgerät ausübt. Der physische Akt des Schreibens wird jedoch immer starke Konzentration erfordern, die auf Kosten des kognitiven Fortschrittes geht. Sowohl die Qualität als auch die Quantität sind davon betroffen. Die Handschrift wird vielleicht auf ein und derselben Heftseite in verschiedene Richtungen geneigt sein. Eventuell dreht das Kind das Heft bis zu neunzig Grad beim Versuch, sich mit den Auswirkungen des Reflexes quasi einzurichten. Im Vergleich mit der Fertigkeit des Kindes, sich mündlich auszudrücken, kann die flüssige Darstellung von Gedanken in geschriebener Form deutliche Diskrepanzen zeigen.

Mögliche Symptome eines vollständigen oder teilweise beibehaltenen Asymmetrischen Tonischen Nackenreflexes

1. Durch die Bewegung des Kopfes nach rechts oder links kann das Gleichgewicht beeinträchtigt werden.
2. Homolaterale (einseitige) anstelle von normalen Kreuzmusterbewegungen, zum Beispiel beim Gehen, Marschieren oder Seilspringen usw.

3. Schwierigkeiten beim Überkreuzen der Körpermittellinie.
4. Schlechte Fertigkeit, einen sich bewegenden Gegenstand mit dem Blick zu verfolgen, vor allem über die Körpermittellinie hinweg.
5. Wechselnde Lateralität. (Das Kind benutzt eventuell den linken Fuß, die rechte Hand und das rechte Ohr, oder es gebraucht abwechselnd die linke oder die rechte Hand für dieselbe Aufgabe.)
6. Schlechte Handschrift und mangelnde Fertigkeit, Gedanken schriftlich auf dem Papier auszudrücken.
7. Schwierigkeiten bei der visuellen Wahrnehmung, vor allem bei der Darstellung symmetrischer Figuren.

Der Suchreflex

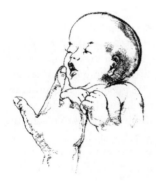

Entstehung: 24.-28. Schwangerschaftswoche.
Bei der Geburt: Vollständig vorhanden.
Hemmung: Etwa 3 – 4 Monate nach der Geburt.

Der Such-, Saug-, und Schluckreflex sollte bei allen Babys vorhanden sein. Diese Reflexe gehören zu der Gruppe der Greifreflexe, die sich im Mutterleib entwickeln.

Eine leichte Reizung der Wangen oder die Reizung des Mundwinkels wird dazu führen, daß das Baby seinen Kopf in die Richtung drehen wird, aus der der Reiz kommt; es wird den Mund öffnen und die Zunge – als Vorbereitung des Saugens – herausstrecken. Dieser Reflex kann an allen Bereichen des Mundes ausgelöst werden, weshalb er manchmal auch der Kardinalpunkt-Reflex genannt wird. Die Kombination von Such- und Saugreflex stellt sicher, daß das Baby sich einer Nahrungsquelle zuwendet und seinen Mund weit genug öffnet, damit es ihn um die Brust oder die Öffnung des Fläschchens schließen kann. Die anschließenden Saug- und Schluckbewegungen sind grundlegend für das früheste Stadium des Fütterns.

Odent (1991) stellte fest, daß der Suchreflex in den ersten Stunden nach der Geburt am stärksten ist. Er stellte ebenfalls fest, daß dieser Reflex sich abschwächt, falls das Baby in den ersten wenigen Stunden nach der Geburt keine Befriedigung bei seinem „Suchen" erfährt. Bei zu früh geborenen Babys, die ihre erste Lebenszeit im Brutkasten verbringen, kann häufig beobachtet werden, wie sie in den ersten Lebenstagen spezifische Suchbewegungen ausführen; da sie aber die notwendige Reaktion nicht erfahren, beginnt der Suchreflex sich zurückzubilden. Bei einigen dieser Kinder kann dieser Reflex noch lange Zeit, nachdem er eigentlich gehemmt sein sollte, in abgeschwächter Form ausgelöst werden. Hier verhält es sich genau wie mit anderen Reflexen: Wenn er nicht zum richtigen Zeitpunkt angewandt wird, bleibt er unerfüllt, quasi frustriert, und das Kind ist nicht in der Lage, ihn loszulassen.

Beibehaltene oder rudimentär vorhandene orale Reflexe werden eine fortgesetzte Sensibilität und unreife Reaktion auf Berührungen in der Umgebung des Mundes nach sich ziehen – dies gilt vor allem für die Umgebung der Lippen. Als Folge hat das Kleinkind vielleicht Schwierigkeiten, wenn es zum ersten Mal feste Nahrung zu sich nehmen soll: Ein anhaltender Saugreflex wird nämlich verhindern, daß die Zunge eine weiterentwickelte Kombination von Bewegungen ausbildet, die für das Schlucken notwendig sind; die Zunge wird zu weit vorn im Mund bleiben, um wirkungsvolle Kaubewegungen zu ermöglichen. Eine mögliche Folge ist heftiger Speichelfluß, der bis ins Schulalter anhält, da beide Reflexe verhindern, daß das Kind angemessene Kontrolle über die Muskeln an der Vorderseite des Mundes entwickelt. Die manuelle Geschicklichkeit kann ebenfalls betroffen sein, da unreife Saug- und Schluckbewegungen automatisch Einfluß auf die Hände haben und ein unwillkürliches Schließen der Handflächen im Rhythmus mit dem Saugen hervorrufen (Babkin-Reaktion).

„Der Stimulus für diesen Reflex besteht in einem festen Druck, der gleichzeitig auf beide Handflächen ausgeübt wird, während sich das Kleinkind in einer entsprechenden Position befindet – idealerweise auf dem Rücken liegend. Dem Stimulus folgt eine Beugung oder ein Vorwärtsneigen des Kopfes; gleichzeitig

öffnet das Baby den Mund und schließt die Augen.
Dieser Reflex kann bereits am Neugeborenen demonstriert werden; hierdurch wird auch deutlich, daß eine
neurologische Verbindung von Händen und Mund
selbst in diesem frühen Stadium vorhanden ist. Der
Reflex verschwindet sehr schnell und kann im Nor-
malfall nicht mehr ausgelöst werden, wenn das Baby
mehr als vier Monate alt ist. Gelingt dieses über das
Alter von vier Monaten hinaus dennoch, ist dies ein
Hinweis auf eine zerebrale (Hirn-) Schädigung."
(Holt, 1991)

Alle weiteren Indikatoren für eine neurologische Hand-Mund-Verbindung
werden als Babkin-Reaktion bezeichnet. Wie viele andere reflexhafte Reaktionen kann der Such- und Saugreflex in beiden Richtungen funktionieren,
also von der Hand zum Mund oder vom Mund zur Hand.

Wenn das Kind älter wird, können das Schlucken, die Nahrungsaufnahme wie auch die sprachliche Artikulation und manuelle Geschicklichkeit
durch beibehaltene oder rudimentäre orale Reflexe negativ betroffen sein.
Roberta Shepherd (1990) bemerkte:

„(…) die Entwicklung der normalen Schluckbewe-
gung und der normalen Koordination von Atmung
und der oralen Funktion [sind] sämtlich grundlegende
Elemente bei der Entwicklung der Sprache. Man geht
davon aus, daß die Muskelbewegungen beim Trinken
eine ganz wesentliche Vorbereitung für die ersten
Laute und für die Entwicklung des Sprechens sind."

**Langzeitwirkungen eines beibehaltenen oder rudimentär vorhandenen
Such- und Saugreflexes**

1. Überempfindlichkeit um die Lippen und den Mund herum.
2. Die Zunge kann sich zu weit vorn im Mund befinden, was das Schlucken
   und Kauen bestimmter Nahrungsmittel erschwert – das Kind beginnt
   vielleicht zu sabbern. Das Fehlen voll entwickelter Schluckbewegungen
   kann zu einer übermäßigen Wölbung des Gaumens führen; später wird
   dann vielleicht eine Gebißkorrektur nötig sein.
3. Sprach- und Artikulationsprobleme.
4. Mangelnde manuelle Geschicklichkeit.

Der Spinale Galantreflex

Entstehung: 20. Schwangerschaftswoche.
Bei der Geburt: Aktiv vorhanden.
Hemmung: 3–9 Monate nach der Geburt.

Wenn das Baby in der Bauchlage gehalten wird, ohne daß sein Kopf und seine Hüften gestützt werden (ventrale Lage) oder auf derm Bauch liegt, wird die Stimulation des Rückens seitlich der Wirbelsäule zu einer Hüftbeugung (Rotation) bis 45 Grad in die Richtung des Stimulus führen. Dieser Reflex sollte auf beiden Körperseiten in gleicher Intensität vorhanden sein.

Es ist nur wenig über die Funktionen des Spinalen Galantreflexes bekannt, außer vielleicht, daß er eine aktive Rolle beim Geburtsvorgang spielt. Das Zusammenziehen der Muskeln in der Scheidenwand stimuliert die Lendenregion des Kindes und löst außerdem kleine einseitige Rotationsbewegungen der Hüfte auf einer Seite aus, die den Kopf- und Schulterbewegungen des Asymmetrischen Tonischen Nackenreflexes ähnlich sind. So kann das Baby mithelfen, den Weg durch den Geburtskanal zu bewältigen.

Dickson (1991) hat darauf hingewiesen, daß der Spinale Galantreflex auch als primitiver Schalleiter im Mutterleib fungieren köntte, der es ermöglicht, daß im aquatischen Milieu des Mutterleibes Schallvibrationen den Körper hochsteigen können. So wäre der Fötus in der Lage, Geräusche quasi zu fühlen. Es ist auch möglich, daß dieser Reflex den Schallvibrationen hilft, sich an der Wirbelsäule entlang nach oben zu bewegen.

Wenn der Spinale Galantreflex über das Neugeborenenalter hinaus bestehen bleibt, kann er jederzeit durch leichten Druck im Lendenwirbelbereich ausgelöst werden. Eine Reizung auf beiden Seiten der Wirbelsäule löst gleichzeitig einen anderen, mit dem Spinalen Galantreflex in Zusammenhang stehenden Reflex aus, der den Urinfluß auslöst. Einen beibehaltenen oder rudimentären Spinalen Galantreflex findet man häufig bei Kindern, die eine schlechte Kontrolle über ihre Blase haben und die über das Alter von fünf Jahren hinaus Bettnässer bleiben. Beuret (1989), der in Chicago erwachsene Patienten behandelt, fand außerdem heraus, daß dieser Reflex bei vielen Menschen zu finden ist, die unter Stoffwechselstörungen leiden.

Ein offensichtliches Merkmal, das bei Schulkindern auf einen beibehaltenen oder rudimentären Spinalen Galantreflex hindeutet, ist die Schwierigkeit, über längere Zeit stillzusitzen. Dies sind die Kinder, von denen man sagt, sie haben „Hummeln in der Hose", die ständig ihre Körperhaltung ändern, zappeln und hin und her rutschen – und zwar schlicht und einfach aus dem Grund, daß das Gummiband im Hosenbund oder das Zurücklehnen im Stuhl den auf den noch auslösbaren Reflex aktivieren. Verständlicherweise mögen diese Kinder meistens keine Kleidung tragen, die um die Taille herum eng sitzt. Der Reflex kann auch die Konzentration und das Kurzzeitgedächtnis beeinträchtigen, da er als ständiger irritierender Störenfried immer um die Aufmerksamkeit des Kindes kämpft.

Bleibt der Spinale Galantreflex nur einseitig aktiv, kann er Haltung, Gang und andere Formen der Fortbewegung beeinträchtigen. So kann der Reflex den Eindruck eines „hinkenden" Ganges erwecken; es kann auch die Ursache einer späteren Skoliose sein. Es ist ebenfalls möglich, daß er die vollständige Entwicklung der späteren Amphibienreflexe und der Segmentären Rollreflexe behindert und flüssige Bewegungsabläufe und die allgemeine Beweglichkeit beim Sport oder anderen körperlichen Aktivitäten in Mitleidenschaft zieht.

Eine Skoliose ist eine abnormale Krümmung der Wirbelsäule.

Symptome eines beibehaltenen Spinalen Galantreflexes

1. „Herumzappeln".
2. Bettnässen.
3. Mangelnde Konzentration.
4. Schwaches Kurzzeitgedächtnis.
5. Einseitige Hüftrotation beim Gehen.

Der Tonische Labyrinthreflex

Tonischer Labyrinthreflex vorwärts

Entstehung: Im Mutterleib – fötale Beugehaltung.
Bei der Geburt: Vorhanden.
Hemmung: Etwa 4 Monate nach der Geburt.

Tonischer Labyrinthreflex rückwärts

Entstehung: Bei der Geburt.
Hemmung: Schrittweiser Vorgang, der sich vom Alter von 6 Wochen bis zum Alter von 3 Jahren vollziehen kann, bei gleichzeitiger Entwicklung der Halte- und Stellreflexe, des Symmetrischen Tonischen Nackenreflexes und des Landau-Reflexes.

Zwischen dem Moro-Reflex und dem Tonischen Labyrinthreflex besteht in den ersten Lebensmonaten eine enge Verbindung. Beide sind vestibulären Ursprungs, beide werden durch die Stimulation des Labyrinths und dadurch auch durch jede Veränderung der Körperposition im Raum aktiviert. Der Reflex wird durch eine Bewegung des Kopfes nach vorn oder nach hinten ausgelöst, wobei der Kopf sich dann jeweils über bzw. unter der Ebene befindet, die das Rückgrat bildet. (Das Baby wird in Rückenlage gehalten.) Es wird angenommen, daß der Flexus habitus (die Position des Fötus in der Gebärmutter) die früheste Form des Tonischen Labyrinthreflexes in der vorwärts geneigten Position darstellt. Zum Zeitpunkt der Geburt sollte der Reflex vollständig vorhanden sein. Das Ausstrecken des Kopfes unter die Ebene des Rückgrats führt unmittelbar dazu, daß das Baby Arme und Beine ausstreckt (siehe oben Abbildung).

Der Tonische Labyrinthreflex sollte zum Zeitpunkt der Geburt in beiden Richtungen voll entwickelt sein. Die Hemmung des vorwärts gerichteten Tonischen Labyrinthreflexes sollte mit etwa vier Monaten vollzogen sein. Die Hemmung des nach hinten gerichteten Tonischen Labyrinthreflexes geschieht dagegen nur schrittweise – in diese Entwicklung sind auch die Entstehung einiger Halte- und Stellreflexe eingebunden, und es dauert bis zu einem Alter von drei Jahren, bis dieser Vorgang vollständig abgeschlossen ist.

Wenn das Baby geboren wird, wird es gleichzeitig einer Reihe ganz neuer Herausforderungen ausgesetzt. Bisher hatte es sich in einer abgeschlossenen Umgebung befunden, die aus Wasser bestand, in der die Auswirkungen aller sensorischen Reize gedämpft wurden und in der auch die Schwerkraft eine abgeschwächte Wirkung hatte. Der Tonische Labyrinthreflex stellt eine erste, primitive Methode für das Kind dar, mit dem Problem der Schwerkraft umzugehen. Jede Bewegung des Kopfes in vertikaler Richtung über die Mittellinie des Körpers hinaus wird zu einer extremen Beugung oder Streckung des ganzen Körpers führen. Dies beeinflußt den Muskeltonus im ganzen Körper vom Kopf abwärts.

Mit ungefähr sechs Monaten sollte diese Reaktion sich dahingehend verändert haben, daß die Kontrolle über den Kopf sich entwickeln kann. Auch der Augen- und der Labyrinth-Kopfstellreflex sollten sich zu dieser Zeit bilden. Die Kontrolle über den Kopf ist eine wichtige Voraussetzung für die Entwicklung aller späteren Funktionen; sie sollte der Hauptinitiator aller Frühformen der Bewegung sein – das gleiche gilt für die Muskelspannung und das Gleichgewicht (zephalo-kaudales Gesetz).

Das zephalo-kaudale Gesetz beschreibt eine Entwicklungsabfolge, die sich vom Kopf bis zu den Zehen abwärts vollzieht.

Der Tonische Labyrinthreflex hat einen tonisierenden Einfluß auf die Muskelspannung im ganzen Körper; er hilft dem Neugeborenen im wahrsten Sinne des Wortes, sich aus der gebeugten fötalen und Neugeborenen-Haltung gerade zu strecken. So werden Gleichgewicht, Muskeltonus und Tiefensensibilität (Propriozeption) allesamt während dieses Prozesses trainiert.

Wird der Tonische Labyrinthreflex nicht zum richtigen Zeitpunkt gehemmt, wird er als Folge ständig das vestibuläre System und dessen Interaktion mit anderen sensorischen Systemen stören und ein Bein stellen. Ein Kind, bei dem der Tonische Labyrinthreflex noch aktiv ist, wird, wenn es mit dem Laufen beginnt, nicht in der Lage sein, echte Sicherheit im Umgang mit der Schwerkraft zu gewinnen (Ayres, 1979–1982), da die Bewegung des Kopfes den Muskeltonus verändert und das Gleichgewichtszentrum „über den Haufen wirft". Da das Kind keinen festen räumlichen Bezugspunkt hat, wird es Schwierigkeiten haben, wenn es darum geht, Raum, Entfernung, Tiefe und Geschwindigkeit einzuschätzen.

Unser Richtungssinn basiert auf unserem Wissen darum, wo wir uns im Raum, der uns umgibt, befinden. Ist unser Bezugspunkt aber schwankend und instabil, dann kann die Fähigkeit zur Unterscheidung von oben und unten, links und rechts, vorn und hinten ebenfalls Schwankungen unterliegen. Dies ist genau der Zustand, den Astronauten im Weltraum erleben. Wenn Astronauten in eine schwerelose Umgebung versetzt werden, schreiben sie plötzlich von rechts nach links, sie verdrehen Buchstaben und Zahlen und fangen an, in Spiegelschrift zu schreiben – und demonstrieren damit die Bedeutung der Schwerkraft und der Balance für alle menschlichen Funktionsebenen.

Die anhaltende Aktivität des Tonischen Labyrinthreflexes führt dazu, daß sich die Kopfstellreflexe nicht vollständig entwickeln. Die mangelnde Kontrolle über die Kopfbewegungen wird auch die Funktion der Augen beeinträchtigen, da die Augen von demselben Regelkreis im Gehirn gesteuert werden – dem vestibulo-okularen Reflexbogen.

Wenn in einem Abschnitt dieses Regelkreises eine Funktionsstörung vorliegt, dann beeinträchtigt dies auch den reibungslosen Ablauf anderer Systeme, die von diesem Kreislauf abhängig sind. So wird die Balance durch fehlerhafte visuelle Information beeinflußt, das Sehvermögen wiederum wird durch die schlechte Balance beeinträchtigt. Es ist möglich, daß sich ein Zweiwegesystem etabliert, das in sich nicht zusammenpaßt, das das Kind aber für ganz normal hält, da es nie etwas anderes kennengelernt hat.

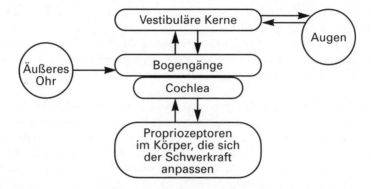

Die Organisation des Gleichgewichtssystems

Der Tonische Labyrinthreflex kann auch verhindern, daß das Kind auf Händen und Knien krabbelt, da die Bewegung des Kopfes zum Ausstrecken der Beine führt. Der Symmetrische Tonische Nackenreflex wird ebenfalls im System „eingeschlossen" bleiben, in seinem vergeblichen Versuch, den Tonischen Labyrinthreflex außer Kraft zu setzen, der das Kriechen und Krabbeln verhindert. Kriechen und Krabbeln dienen einerseits als Training, andererseits unterstützen sie den Prozeß der Reflexhemmung. Beide erleichtern die Integration sensorischer Information, da das Gleichgewichtssystem, das visuelle System und das propriozeptive System zum ersten Mal alle zusammen arbeiten. In diesem Abschnitt der Bewegungsentwicklung erwirbt das Kind einen Sinn für Balance, für den Raum und für die Tiefe. Beim Kriechen und Krabbeln wird das „Rohmaterial" des Sehens, Fühlens und der Bewegung zum ersten Mal synchronisiert, um dem Kind ein vollständigeres Bild der Umwelt zu liefern.

Der fortgesetzte Einfluß des Tonischen Labyrinthreflexes kann sich noch auf viele andere Funktionsgebiete auswirken: Balance und Bewegung werden beeinträchtigt. Längeres Stehen kann ermüden, denn eventuell muß die Haltung beim Versuch, sich mit dem Reflex einzurichten, immer wieder verändert und angepaßt werden. Das kann sich in einer allgemeinen Beugehaltung zum Vorbeugen äußern oder durch die Neigung, mit vorgestrecktem Kopf dazustehen. Es kann auch sein, daß das Kind einen sehr schlaffen Muskeltonus hat und entweder einen nachlässigen Eindruck macht oder daß seine Bewegungen (vor allem, wenn es geht, rennt oder springt) ruckartig und steif sind. Solche Kinder entwickeln manchmal Höhenangst, da sie sich ihrer schlechten Balance bewußt sind. Aus Erfahrung wissen sie auch, daß eine Bewegung des Kopfes nach vorn dazu führt, daß die Knie sich beugen und so im Ganzen die Empfindung entsteht, vorwärts und in die Tiefe zu fallen. Auch empfinden sie das Hochstrecken der Arme sehr schnell als ermüdend. Diese Kinder registrieren Veränderungen der Beschaffenheit des Bodens unter ihren Füßen mit großer Empfindlichkeit, da sie versuchen, den Boden mit den Füßen zu „greifen", um das Gleichgewicht zu halten.

Die daraus resultierende okulomotorische Fehlfunktion bringt es mit sich, daß die Augen dem Kind Streiche spielen, so daß es sich nicht immer auf das verlassen kann, was es sieht. Die Wahrnehmung von Tiefe ist unter Umständen gestört.

Betroffene Kinder können ebenfalls unter einem „figure-ground effect" (Figur-Grund-Unterscheidung) leiden: Dem Kind fällt es schwer, sich widersprechende visuelle Informationen zu trennen und zu ordnen, zum Beispiel beim Gehen auf einer offenen Treppe oder auf einer Holzbrücke, durch deren Bohlen man das Wasser sehen kann. Es ist auch möglich, daß ein Kind Schwierigkeiten hat, die Augen von Weit- auf Nahsicht umzustellen, so daß es in der visuellen Information, die es empfängt, einen „blinden Fleck" gibt. Hierdurch sind nicht nur diejenigen Fertigkeiten betroffen, die räumliche Wahrnehmung erfordern. Diesen Kindern fällt es häufig auch schwer, Geräusche zu lokalisieren. Hinzu kommt, daß sie leicht die Orientierung verlieren.

Die Kontrolle über den Kopf und eine gute Balance sind essentiell für das automatische Funktionieren aller anderen Körpersysteme – ein anhaltender Tonischer Labyrinthreflex verhindert sowohl die vollständige Entwicklung der Kopfkontrolle als auch der Balance.

Symptome, die auf einen stark fortbestehenden Tonischen Labyrinthreflex (vorwärts) hindeuten:

1. Schlechte Haltung – krummer Rücken.
2. Hypotonie (schwacher Muskeltonus).
3. Probleme, die mit dem Gleichgewichtsorgan zusammenhängen:
   - Schwach entwickelter Gleichgewichtssinn.
   - Neigung zu Reiseübelkeit (besonders im Auto).
4. Abneigung gegen sportliche Aktivitäten, Sportunterricht, Laufen etc.
5. Okulomotorische Dysfunktionen:
   - Visuelle Wahrnehmungsprobleme.
   - Räumliche Wahrnehmungsprobleme.
6. Schwächen im Erkennen und Einhalten von Abfolgen.
7. Schwach ausgebildetes Zeitgefühl.

Symptome, die auf einen stark fortbestehenden Tonischen Labyrinthre-flex (rückwärts) hindeuten:

1. Schlechte Haltung – Neigung, auf Zehenspitzen zu gehen.
2. Schlechte Balance und Koordination.
3. Hypertonie: steife, ruckartige Bewegungen, da die Streckmuskeln grö-ßeren Einfluß ausüben als die Beugemuskeln.
4. Probleme, die mit dem Gleichgewichtsorgan zusammenhängen:
   – Schwach entwickelter Gleichgewichtssinn.
   – Neigung zu Reiseübelkeit.
5. Okulomotorische Dysfunktionen:
   – Schwierigkeiten bei der visuellen Wahrnehmung.
   – Räumliche Wahrnehmungsprobleme.
6. Schwächen im Erkennen und Einhalten von Abfolgen.
7. Schwach ausgebildete Organisationsfähigkeit.

Der Symmetrische Tonische Nackenreflex

Beugung

Entstehung: 6–9 Monate nach der Geburt.
Hemmung: 9–11 Monate nach der Geburt.

Wenn das Kind sich in der Vierfüßlerposition befindet, führt das Beugen des Kopfes zu einer Beugung der Arme und zur Streckung der Beine.

Streckung

Entstehung: 6–9 Monate nach der Geburt.
Hemmung: 9–11 Monate nach der Geburt.

Das Heben des Kopfes führt zu einer Beugung der Beine und zur Streckung der Arme.

Der Symmetrische Tonische Nackenreflex sollte nur eine sehr kurze Lebensdauer haben. Er hilft dem Baby, die Schwerkraft zu bewältigen, indem es den Körper aufrichtet – es stützt sich aus der Bauchlage auf Hände und Knie. Capute (1981) hat darauf hingewiesen, daß wir es hier eventuell nicht mit einem echten Reflex zu tun haben, sondern mit einer entscheidenden Phase des Tonischen Labyrinthreflexes. Ganz sicher erleichtert er die Hemmung des Tonischen Labyrinthreflexes und bildet eine Brücke auf dem Weg zur nächsten Stufe der Fortbewegung: dem Krabbeln auf Händen und Knien. Während er allerdings dem Kind erlaubt, eine Vierfüßlerhaltung einzunehmen, verhindert er eine Vorwärtsbewegung in dieser Haltung. Das Baby ist den Bewegungen seines Kopfes ausgeliefert. Es ist nicht in der Lage, sich sinnvoll zu bewegen, da in dieser Phase seiner Entwicklung die Haltung des Kopfes die Haltung der Gliedmaßen bestimmt (Bobath / Bobath, 1955).

Gesell beschreibt den Fortschritt durch die Stadien der frühen Halte- und Stellreflexe so:

„Mit 20 Wochen ist das Kind in der Lage, aus der Rük-
kenlage auf die Seite zu rollen, indem es die obere
Körperhälfte herumdreht und dann die Hüften beugt

und die Beine zu der Seite herumwirft, auf die es sich drehen will (Segmentärer Rollreflex). Diese Leistung stellt die erste bedeutende Verschiebung in der Körperhaltung dar. Mit 28 Wochen kann das Kind die Kriechhaltung einnehmen (vollständiges Strecken der Arme und Amphibienreflex), und das Gewicht der oberen Körperhälfte mit einem oder beiden Armen stützen. Es kann ein Knie parallel zum Rumpf nach vorn bewegen, ohne jedoch den Bauch anheben zu können. Die Vorwärtsbewegung beginnt mit etwa 32 Wochen. Das Kind dreht sich mit Hilfe seiner Arme. Mit 36 Wochen kann es sich in die Krabbelhaltung hochstemmen (Symmetrischer Tonischer Nackenreflex), allerdings ist es bis zum Alter von 44 Wochen nicht in der Lage, sich auf Händen und Knien vorwärts zu bewegen. In diesem Stadium geschieht es, daß die gegengleichen Bewegungen der Arme und Beine beginnen."

Das Beugen der Beine als Ergebnis des Hebens des Kopfes (der Kopf wird über das Rückgrat heraus gestreckt) ist bei der Hemmung des Tonischen Labyrinthreflexes behilflich. Hierdurch wird das Kind auch dazu ermutigt, seine Augen auf die Ferne zu fixieren. Das Beugen der Arme als Reaktion auf eine Beugung des Kopfes (der Kopf wird unter die Linie des Rückgrats gebeugt) wird den Blick des Kindes wieder auf nahe Objekte zurückführen. So werden die Augen daran gewöhnt, sich von der Weit- auf die Nahsicht – und umgekehrt – einzustellen.

Fixieren bedeutet, den Blick fest auf einen Punkt zu richten.

Blythe (1992) hat darauf hingewiesen, daß der Symmetrische Tonische Nackenreflex den lückenlosen Ablauf des Augentrainings unterstützt. Mit dem Asymmetrischen Tonischen Nackenreflex wird der Blick des Babys von einer Reichweite von 17 cm bei der Geburt auf eine Entfernung ausgeweitet, die seinem ausgestreckten Arm entspricht. Da dieser Reflex im Alter von ungefähr sechs Monaten gehemmt wird, wird das Blickfeld jetzt nach und nach auf weiter entfernte Objekte ausgeweitet. Der Symmetrische Tonische Nackenreflex bewirkt dann den Blick zurück zur Nahsicht und trainiert die Wiederanpassung des binocularen (beidäugigen) Sehens. Er bleibt aktiv, solange das Kleinkind auf Händen und Knien krabbelt, um zum einen das Sehen, wie es sich bis zu diesem Zeitpunkt entwickelt hat, weiterzuentwickeln, und um zum anderen die Sehfähigkeit mit den Informationen, die es durch seine anderen Sinne empfängt, zusammenzubringen.

Das Krabbeln gehört zu den wichtigsten Bewegungsmustern, die bei dem Prozeß behilflich sind, in dem die Augen die Mittel- (Längs-) Achse des Körpers kreuzen. Dabei fokussieren die Augen von einer Hand zur anderen, wobei die Hände bewegliche Stimuli darstellen. Diese Fertigkeit ist essentiell, um später lesen zu können, ohne die Worte mitten in der Zeile zu verlieren. Durch das Krabbeln werden das Gleichgewichtssystem, die Propriozeption und das visuelle System zum ersten Mal so zusammengebracht, daß sie zusammenarbeiten. Ohne diese Integration gäbe es keine Wahrnehmung von Balance, Räumlichkeit und Tiefe.

Krabbeln ist ein Kriechen auf Händen und Knien.

Kriechen ist ein Fortbewegen auf dem Bauch.

Die Entfernung, in der das Kind beim Krabbeln fokussiert, und die Hand-Augen-Koordination, die hierbei auch eine Rolle spielt, stellen genau die Entfernung der Augen vom Papier dar, wenn es später liest und schreibt. Man hat herausgefunden (Pavlides, 1987), daß viele Kinder, die Leseschwierigkeiten haben, während ihrer Kleinkindzeit die Phasen des Kriechens und Krabbelns übersprungen haben.

Studien über primitive Stämme haben erwiesen, daß diese Menschen über eine außerordentlich scharfe Fernsicht verfügen, jedoch nie eine eigene Schriftsprache entwickelt haben. Die Xinguana-Indianer können einen Pfeil mittels eines Blasrohres mit tödlicher Genauigkeit bis zu 800 Meter weit schießen, aber sie können weder lesen noch schreiben. Innerhalb des Dschungelgeländes, in dem sie leben, verbringen die Kinder die meiste Zeit ihres ersten Lebensjahres am Körper der Mutter, die sie herumträgt. Der Boden ist eine einzige große Gefahrenquelle, dort wimmelt es von giftigen Insekten, Schlangen und Pflanzen. Folglich dürfen sie nie auf dem Boden kriechen oder krabbeln. Veras (1975) vertritt die Meinung, daß es eine wesentliche Verknüpfung zwischen Kriechen und Krabbeln sowie der Fähigkeit, eine geschriebene Sprache zu entwickeln, gibt:

„Das Krabbeln stellt nicht nur eine wichtige Stufe in
der Bewegungsfähigkeit eines Kindes dar; es ist auch
ungeheuer wichtig für die Entwicklung der Sehfähigkeit des Kindes. Bei allen primitiven Völkern, bei denen wir waren, dürfen die Kinder niemals kriechen
oder krabbeln, und keines von ihnen kann seine Augen auf eine Entfernung scharfstellen, die kürzer ist als
Armeslänge. Sie sind alle weitsichtig. Wir sind der
Auffassung, daß sich die Nahsicht entwickelt, wenn
das Kind kriecht und krabbelt."

Rosanne Kermonian und ihre Kollegen am *Reed-College* haben 1988 eine Studie durchgeführt und dabei herausgefunden, daß viele kognitive Fertigkeiten, wie zum Beispiel Formkonstanz und die räumliche Wahrnehmung, exakt während der Krabbelperiode gelernt werden – nicht früher und nicht später.

Obwohl der Symmetrische Tonische Nackenreflex dem Baby ermöglicht, sich vom Fußboden aufzurichten, erlaubt es ihm nicht, sich auf allen Vieren zu bewegen. Normalerweise machen Babys eine Phase durch, in der sie auf Händen und Knien vor und zurück „schaukeln“. Hierdurch wird der Symmetrische Tonische Nackenreflex nach und nach gehemmt. Bleibt er sehr stark aktiv, ist es möglich, daß die Krabbelphase, die jetzt folgen sollte, ausbleibt. Möglicherweise lernt das Baby, auf dem Po zu rutschen, vielleicht entwickelt es einen „Bärengang“, oder es steht eines Tages einfach auf und fängt an zu laufen.

Bei anderen Kindern zeigt sich der Einfluß des Symmetrischen Tonischen Nackenreflexes später in einer gebeugten Haltung, einem extrem „latschenden“ Gang oder einem langsamen Beugen der Arme, wenn sie an einem Schreibtisch sitzen: Das Beugen des Kopfes läßt die Arme sich ebenfalls beugen oder „einklappen“. Beim Schreiben liegen diese Kinder am Ende einer Schulstunde fast auf dem Tisch.

Kinder mit einem beibehaltenen Symmetrischen Tonischen Nackenreflex sind manchmal unbeholfene Kinder, die Schwierigkeiten mit der Koordination von Händen und Augen haben, sich vor dem Sportunterricht fürchten und für die alle Ballspiele eine Katastrophe sind. Es kann sein, daß sie den sich bewegenden Ball aus dem Blick verlieren. Zu dem Zeitpunkt, an dem sie den Ball wieder in ihrem Nahsichtbereich wahrnehmen, ist es dann zu spät, ihn noch angemessen zu schlagen oder zu fangen. Ganz grundlegende Fertigkeiten, wie das Essen, werden zu einem unschönen Bewegungschaos, da sich die Hand nie an der richtigen Stelle befindet, um auch den Mund zu finden. Auch die Haltung am Tisch wird nicht besonders gut sein.

Symptome, die auf einen stark fortbestehenden Symmetrischen Tonischen Nackenreflex hindeuten

1. Schlechte Haltung.
2. Die Tendenz, beim Sitzen zusammenzusacken, vor allem beim Sitzen am Tisch oder Schreibtisch.
3. Affenähnlicher Gang.
4. „W“-Beinhaltung beim Sitzen auf dem Boden.

5. Schlechte Koordination zwischen Händen und Augen:
   – Kleckern beim Essen.
   – „Tolpatsch"-Syndrom.
6. Schwierigkeiten mit der Wiederherstellung des zweiäugigen Sehens. (Das Kind ist nur unter Schwierigkeiten in der Lage, den Fokus von der Tafel auf das Schreibpult umzustellen.)
7. Es kann nur langsam abschreiben.
8. Das Kind kann nicht gut schwimmen.

Kapitel 2
Vom frühkindlichen Reflex zur Haltungskontrolle

So wie die frühkindlichen Reflexe die Grundlagen für alle späteren Funktionen schaffen, so schaffen die Halte- und Stellreflexe die Rahmenbedingungen, innerhalb derer die anderen Systeme wirkungsvoll funktionieren können. Der Übergang von der frühkindlichen Reflexreaktion zur Haltungskontrolle geschieht nicht automatisch. Es gibt keine festgelegten Zeitpunkte, zu denen ein späterer Reflex die Kontrolle über einen früheren übernimmt; dieses ist vielmehr ein abgestufter Prozeß von Zusammenspiel und Integration, in dessen Verlauf beide Reflexe für kurze Zeit gemeinsam operieren.

Die Bewegungen, die aufgrund der Reflextätigkeit ausgeführt werden, myelinisieren die Nervenbahnen des Gehirns auf ganz ähnliche Weise, wie das Straßennetz eines Landes ausgebaut wird.

Da bestimmte Bewegungsabläufe immer und immer wieder ausgeführt werden, können mit der Zeit reifere Reaktionsmuster die frühkindlichen Reflexreaktionen überlagern.

Diese Periode des Wachstums, der Veränderungen und der Vervollkommnung funktioniert auf ganz ähnliche Weise wie eine in sich drehende Spirale, durch die natürlich sichergestellt ist, daß primitive Überlebensstrategien so lange verfügbar bleiben, bis reifere Halte- und Stellreflexe automatisch geworden sind.

Die Halte- und Stellreflexe

Die Vermittlung der Halte- und Stellreflexe geschieht von der Ebene des Mittelhirns aus, und so kennzeichnet ihre Entwicklung die aktive Kontrolle höherer Gehirnstrukturen über die Aktivität des Hirnstammes. Sie sind ein Hinweis auf die wachsende Reife des Zentralen Nervensystems (ZNS). Einige Stellreflexe sind von Bedeutung für das Lernen. Sie können (nach Fiorentino, 1981) in zwei Gruppen geteilt werden:
1. Die Stellreflexe (vierfüßig).
2. Gleichgewichtsreaktionen (zweifüßig).

Beide Reflexgruppen haben mit Haltung, Bewegung und Stabilität zu tun. Die Stellreaktionen treten zuerst im Alter von drei bis zwölf Monaten auf und sollten das ganze Leben hindurch aktiv sein, bis Krankheiten oder Alter ihre Aktivität einschränken. Sie ermöglichen dem Kind, Kopf und Rumpf in einer bestimmten Haltung stabil zu halten, wenn die Körperhaltung in irgendeiner Weise verändert wird. Das Aktivwerden der Halte- und Stellreflexe erleichtert die Bewegung durch Rollen, Krabbeln und Robben; später wird sie koordinierte grobmotorische Bewegungen ermöglichen.

Zur Gruppe der Stellreaktionen gehören die Augen- und der Labyrinth-Kopfstellreflexe, der Amphibienreflex, der Landau-Reflex und die Segmentären Rollreflexe.

Gleichgewichtsreaktionen werden vom Kortex kontrolliert. Sie treten zuerst mit drei bis sechs Monaten auf und bleiben während des ganzen Erwachsenenlebens aktiv.

Sie bestehen aus den Schutz- und Kippreaktionen, die ausgelöst werden, wenn das Kind die Balance verliert oder wenn das Zentrum der Schwerkraft verändert wird. Zu diesen Reaktionen werden der Schreckreflex (Strauß-Reflex) und Parachute-Reflex (Abstützreaktion) gezählt.

Für das Lernen ist das Vorhandensein dieser Reflexe und Reaktionen nicht von unmittelbarer Bedeutung, außer daß das Fehlen von Gleichgewichtsreaktionen auf eine unzureichende Entwicklung des Zentralen Nervensystems deutet. Im sozialen Zusammenleben jedoch können die Auswirkungen enorm sein. Da sich betroffene Kinder tolpatschig und unkoordiniert bewegen, werden sie zur Zielscheibe für Hänseleien und können von ihrer Gruppe isoliert werden. Auch die organisatorischen Fertigkeiten werden leiden, da das Gleichgewicht betroffen ist; die daraus resultierenden Schwindelgefühle behindern die Konzentration.

Der Strauß-Reflex entwickelt sich zu dem Zeitpunkt, an dem der Moro-Reflex gehemmt wird, und ist als reifer Schreckreflex aktiv. Das Kind spannt die Muskeln an, blinzelt, sucht die Gefahrenquelle und trifft dann eine kortikale (bewußte) Entscheidung, wie es reagieren soll. Der reife Schreckreflex kann als Ergebnis nach dem Abschluß von drei Entwicklungsstufen angesehen werden:

1. **Rückzugsreflex**: Eine extreme Schreckreaktion, die ein unmittelbares Abschalten oder eine Schockreaktion nach sich zieht (Bewegungsunfähigkeit, Verlangsamung der Herzfrequenz, Absinken des Blutdrucks, Atemstillstand und extreme Angst). Der Rückzugsreflex ist ein uteriner Reflex.

2. **Moro-Reflex**: Eine extreme Schreckreaktion, die eine Stimulation des sympathischen Nervensystems zur Folge hat (Ansteigen der Herzfrequenz, eine unmittelbare Erhöhung des Blutdrucks, schnelles, flaches

Atmen, Rötung des Gesichts, begleitet von Wut oder Verzweiflung). Ein nur teilweise gehemmter Moro-Reflex kann einen sogenannten Körper-„Panzer" zur Folge haben, mit dem das Kind versucht, die Überreaktion zu kontrollieren. Der Moro-Reflex ist ein frühkindlicher Reflex.

3. **Strauß-Reflex**: Eine reife Schreckreaktion, die die kortikale (bewußte) Analyse der Situation mit einbezieht. Der Strauß-Reflex ist ein Haltereflex.

Die postnatale Bewegungsentwicklung findet in einer zephalo-kaudalen (Kopf bis Fuß) und proximo-distalen (von innen nach außen) Folge statt. Die Entwicklung von Halte- und Stellreflexen sollte dieses Muster widerspiegeln. Die erste Aufgabe, die das Kind meistern muß, ist das Beherrschen der Kopfkontrolle und des Muskeltonus, bevor weitere kontrollierte, willkürliche Bewegungen sich entwickeln können – dabei wird die Kontrolle in der Bauchlage vor der in der Rückenlage erreicht. Mit etwa sechs Wochen kann das Kind aus der Bauchlage den Kopf so heben, daß er genau die Verlängerung der Längsachse des Körpers bildet. In dieser Position kann es den Kopf einige Sekunden lang halten. Mit zwölf Wochen hebt es den Kopf deutlich über die Körperlinie und hält ihn mehrere Minuten lang in dieser Position. Im Alter von zwölf Wochen sind auch seine Beine nicht mehr länger gebeugt, und wenn es auf dem Bauch liegt, befindet sich das Becken flach auf dem Boden. Mit etwa sechzehn Wochen kann es die Unterarme so gegen den Boden drücken, daß es dadurch den Kopf und den oberen Teil des Rumpfes hochstrecken kann. Dadurch werden die Gliedmaßen gestreckt, und es sieht aus, als ob das Kind in dieser Position schwimmt.

Der Muskeltonus beschreibt eine Balance zwischen Beuge- und Streckmuskeln.

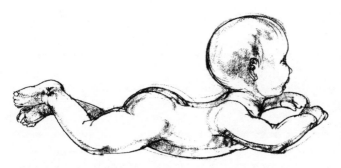

Schwimmen in Bauchlage

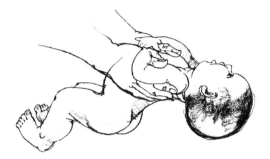

Keine Kopfkontrolle in Rückenlage im Alter von einem Monat

Kopfkontrolle in der Mittellinie im Alter von drei Monaten

Kopfstellreflexe beim älteren Kind
(der Kopf stellt sich in entgegengesetzte Richtung zum Körper)

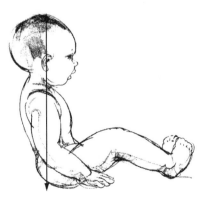

Der Körper bewegt sich nach hinten, der Hals streckt sich, und gleichzeitig bewegt sich der Kopf nach vorn.

Wenn sich der Körper nach vorn bewegt, wird der Kopf angehoben.

Entgegengesetzte Bewegung des Kopfes zum Körper, wenn der Körper zur Seite bewegt wird.

Diese abgestufte Folge der Kopfkontrolle kündigt die Entwicklung der Augen- und Labyrinth-Kopfstellreflexe an. Gemeinsam stellen diese Reflexe sicher, daß die Position des Kopfes immer über der Mittellinie bleibt, auch wenn andere Teile des Körpers sich in andere Richtungen bewegen – sowohl aktiv als auch passiv herbeigeführt. Das Funktionieren der Augen-Kopfstellreflexe geschieht als Ergebnis visueller Anreize, während die Labyrinth-Kopfstellreflexe von der Information des Gleichgewichtsorgans (vestibuläre Information) abhängig sind. Beide Reflexe sollten synchronisiert werden, um korrekte Informationen zu übermitteln, anhand derer die Position des Kopfes jeweils angepaßt wird. Falls sich diese Reflexe nicht vollständig entwickeln oder sich nur einer von ihnen ganz entwickelt, so werden Balance, kontrollierte Augenbewegungen und visuelle Wahrnehmung beeinträchtigt sein. Muskelspannungen im Hals- und Schulterbereich, kombiniert mit einer schlechten Haltung, können also Symptome unterentwickelter Kopfstellreflexe sein, da alle 44 Muskelpaare, die in der Hals- und Nackenregion für das Aufrechthalten des Kopfes zuständig sind, miteinander um die Kontrolle über den Kopf kämpfen, ohne die Unterstützung der automatischen Kopfstellreflexe zu haben. Es kommt dann zu einer Verzögerung beim Erlangen der Kopfkontrolle in der Rückenlage; der Säugling ist also etwa fünf Monate alt, bevor er aus der Rückenlage den Kopf heben und ihn für kurze Zeit über das Rückgrat hinaus erhoben halten kann.

Der Landau-Reflex

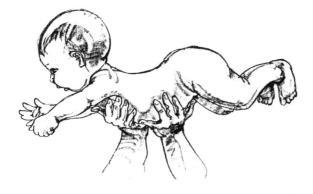

Der Landau-Reflex ist von relativ kurzer Lebensdauer; er entwickelt sich zur selben Zeit wie die Kopfstellreflexe, also im Alter von drei bis zehn Wochen. Er wird gehemmt, wenn das Kind etwa drei Jahre alt ist. Der Landau-Reflex löst einen Strecktonus in der gesamten Körpermuskulatur in der Bauchlage aus, wenn das Baby hochgehoben und dabei unter dem Bauch gestützt wird.

Weder der Landau- noch der Symmetrische Tonische Nackenreflex sind echte frühkindliche oder Halte- und Stellreflexe. Sie sind bei der Geburt nicht vorhanden und können deshalb auch nicht zu den frühkindlichen

Reflexen gezählt werden, allerdings bleiben sie auch nicht während des ganzen Lebens aktiv, weshalb sie auch keine echten Halte- und Stellreflexe sind. Offenbar dienen sie als wichtige „Brückenreflexe", die eine hemmende Wirkung auf den Tonischen Labyrinthreflex haben, den Muskeltonus stärken und die vestibulär-okulomotorischen Fertigkeiten entwickeln.

Die Entwicklung des Landau-Reflexes hilft, den Muskeltonus zu stärken, wenn das Baby auf dem Bauch liegt. Gleichzeitig übt er einen hemmenden Einfluß auf den Tonischen Labyrinthreflex vorwärts aus, da er das Aufrichten des Kopfes und den Muskeltonus im Rumpf verstärkt. Er ermöglicht dem Kind, nicht nur den Kopf, sondern auch den Brustkorb zu heben, und stellt eine wichtige Voraussetzung für spätere, ausgeprägtere Bewegungen dar, an denen Arme und Hände beteiligt sind. Mit etwa drei Jahren – jetzt sollte das Kind sich sicher auf beiden Beinen bewegen – sollte der Landau-Reflex nicht länger notwendig sein. Sein fortgesetztes Vorhandensein über dieses Alter hinaus ist ein Hinweis auf unterschwellig vorhandene Reflextätigkeit, die die Entwicklung des Gleichgewichts und der willkürlichen Veränderung des Muskeltonus in schnell wechselnden Umgebungen hindern wird: Es kann zum Beispiel sein, daß das Kind mit unbeholfenen, steifen Bewegungen der unteren Körperhälfte läuft und rennt und Schwierigkeiten beim Hüpfen oder Rennen hat, da es nicht fähig ist, die Beinmuskeln willkürlich zu beugen.

Der Amphibienreflex

Der Amphibienreflex sollte sich im Alter von vier bis sechs Monaten entwickeln, zuerst in der Bauchlage, dann in Rückenlage. Das Anheben des Beckens löst dabei die automatische Beugung der Arme, Hüften und Knie auf einer Seite aus.

Die Beugung eines Beines – unabhängig von der Kopfhaltung – ermöglicht eine größere Bewegungsfreiheit und bezeichnet eine wichtige Stufe in der Entwicklung des Kriechens auf dem Bauch. Bis jetzt war das Beugen oder Strecken der Beine auf beiden Seiten von der Kopfhaltung abhängig und wurde durch die Tätigkeit des Asymmetrischen Tonischen Nackenreflexes gesteuert. Der Amphibienreflex ist also ein bedeutender Hinweis auf die Hemmung des Asymmetrischen Tonischen Nackenreflexes. Wenn diese Einschränkung nicht mehr besteht, ist der Weg frei für das unabhängige Bewegen der Arme und Beine, und dieses ist wiederum eine grundlegende

Voraussetzung für das Kriechen, Krabbeln und die spätere Grobkoordination der Muskeln.

Ein unterentwickelter Amphibienreflex beeinträchtigt das Kriechen und Krabbeln im Kreuzmuster. Er kann im späteren Leben zu Hypertonie führen, so daß er Aktivitäten behindert, die auf der Grobkoordination der Muskeln beruhen, also jedes Körpertraining, Sport etc. Ein völliges Fehlen des Amphibienreflexes ist ein Hinweis auf nicht gehemmte frühkindliche Reflexe, vor allem den Asymmetrischen Tonischen Nackenreflex und den Tonischen Labyrinthreflex.

Die Segmentären Rollreflexe

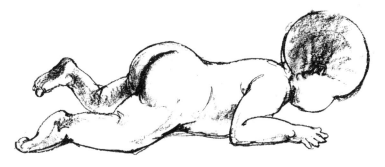

Von der Bauchlage in die Rückenlage

Die Segmentären Rollreflexe werden manchmal auch als „Stellreaktionen" (Kopf auf den Körper und Körper auf den Körper, Drehen, beginnende Rotation) bezeichnet. Um eine segmentäre Rolle auszuführen, sollten sie sich an zwei Schlüsselstellen des Körpers entwickeln, und zwar an Schultern und Hüften. Die Bewegung beginnt beim Kopf und setzt sich dann über Schultern, Brustkorb und Becken fort oder umgekehrt.

Diese Reflexe beginnen sich mit etwa sechs Monaten herauszubilden, um das Drehen zunächst vom Bauch auf den Rücken zu ermöglichen, und schließlich von der Rücken- in die Bauchlage, wenn das Kind etwa acht bis zehn Monate alt ist. Als nächstes folgen das Sitzen, der Vierfüßlerstand, wobei die Hände zur Hilfe genommen werden, und schließlich das Stehen. Während das Kind mehr Übung und Geschick bei all dem bekommt, wird

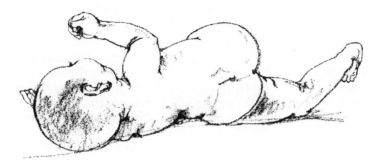

Von der Rückenlage in die Bauchlage

dieser Reflex für die Bewegungsabfolge vom Liegen zum Stehen weitgehend überflüssig. Er sollte allerdings lebenslänglich aktiv bleiben, um das Wechseln der Körperhaltung zu erleichtern und Flüssigkeit und Harmonie bei Bewegungen wie Rennen, Springen, Skilaufen etc. zu ermöglichen.

Gleichgewichtsreaktionen

Gleichgewichtsreaktionen sind Schutzreaktionen, die durch schnelle Veränderungen der Körperhaltung oder bei Gleichgewichtsverlust auftreten. Sie sind von visuellen Reizen abhängig, und es wird angenommen, daß ein Zusammenspiel zwischen ihnen und dem reifen Schreck- oder Strauß-Reflex besteht (Fiorentino, 1981).

Der Parachute-Reflex (Absturzreaktion) kann ausgelöst werden, wenn das Kleinkind in die Luft gehalten und dann nach vorn in Richtung des Bodens geneigt wird. Die Arme werden ausgestreckt, so als wenn Kopf und Rumpf vor der vollen Wucht des Aufpralls geschützt werden sollten. Wird das Kleinkind aufrecht hochgehalten und dann schnell nach unten fallengelassen, strecken sich die äußeren Gliedmaßen zunächst, um sich dann anzuspannen und sich nach außen zu öffnen. Dieser Reflex hat Schutzfunktion.

Mit etwa sechs Monaten stellt sich auch der seitwärtige Parachute- oder Abstützreflex ein. Er ist von großer Bedeutung, wenn das Kind das Sitzen lernt, da er jederzeit verhindert, daß das Kind in der sitzenden Position die Balance verliert. Dies geschieht durch eine ausgleichende Armbewegung auf der Seite, zu der das Kind fällt, wodurch der Rumpf gestützt wird. So wird verhindert, daß das Kind umfällt. Dieser Reflex sollte voll entwickelt sein, sobald das Kind die ersten Steh-, Lauf- und Gehversuche macht.

Es gibt noch viele andere Reflexe, die eine entscheidende Rolle für die Entwicklung und das Wohlergehen eines Individuums spielen. Die wenigen, die wir hier ausgewählt haben, um ihre Rolle in der Erziehung und Entwicklung von Kindern zu diskutieren, können mit Hilfe neurologischer Standardtests ausgelöst werden (siehe Kapitel 5). So kann festgestellt werden, daß sie auf ganz direkte Weise einen Anteil daran haben, wenn ein Kind Schwierigkeiten in der Schule zeigt.

Kapitel 3
Die Gehirnentwicklung

Nicht vorhandene oder unterentwickelte Halte- und Stellreflexe sind schon lange als Faktoren akzeptiert worden, die eine Rolle bei Koordinationsschwierigkeiten und verwandten Störungen (zum Beispiel Dyspraxie, „Tolpatschigkeit", Apraxie usw.) spielen. Auf dem Hintergrund dieser Annahmen hat man Bewegungstrainingsprogramme entwickelt, mit deren Hilfe die Entwicklung der Halte- und Stellreflexe gefördert wird. Dadurch werden gleichzeitig auch Koordination und Balance verbessert. Einige dieser Übungsprogramme – darunter auch das Doman-Delacato-Programm – basieren auf einem Konzept, wonach ein Wirkungszusammenhang zwischen der Gehirnorganisation und Lernschwierigkeiten besteht und eine Veränderung der Gehirnorganisation durch das Wiederholen bestimmter Bewegungen aus frühen Entwicklungsphasen möglich ist.

Glenn Doman und Carl Delacato haben seither getrennte Wege eingeschlagen. Im Laufe vieler Jahre haben sich ihre Techniken entwickelt und verbessert, und ihre Methoden sollten nicht an den Standpunkten gemessen werden, die beide vor 25 Jahren vertreten haben. Carl Delacato hat einen entscheidenden Anteil an den Anfängen der Behandlung autistischer Kinder.

Die Techniken, die bei der sensorischen Integration (A. Jean Ayres) angewandt werden, basieren auf dem Konzept, daß das Auslösen der Halte- und Stellreflexe durch bestimmte körperliche Übungen die Entwicklung reiferer Reaktionsmuster anregt und gleichzeitig auch die noch vorhandene Aktivität frühkindlicher Reflexe unterdrücken kann. Eine allgemeine Verbesserung von Balance und Koordination macht den Wert solcher Programme deutlich, insbesondere in solchen Fällen, bei denen die Wurzel des Problems ein Mangel an Halte- und Stellreflexen mit nur minimaler, weiterhin vorhandener frühkindlicher Reflexaktivität ist.

Sind die frühkindlichen Reflexe jedoch noch sehr aktiv, so wird das bloße Auslösen von Halte- und Stellreflexen nur selten Veränderungen bei der feinmotorischen Koordination, den okulomotorischen Funktionen, der Verarbeitung von Wahrnehmungen oder den Schulleistungen mit sich bringen. Der Grund hierfür kann folgender sein: Während motorische Trainingsprogramme die Kontrolle über die Haltung verstärken, tragen sie nicht dazu bei, jene zurückbehaltenen frühkindlichen Reflexe zu hemmen, die weiterhin die Verarbeitung von Informationen im Gehirn behindern. Um verstehen zu können, warum das so ist, müssen wir einige der Mechanismen des Gehirns und die Art und Weise ihrer Entwicklung während des ersten Lebensjahres untersuchen.

Die Entwicklung einer Hierarchie

Das Gehirn besteht aus vielen einzelnen Entitäten, die alle miteinander verbunden und voneinander abhängig sind. Bei der Geburt sind die Verbindungen zu den oberen Schichten des Kortex zunächst sehr schwach: Das Neugeborene ist ein Wesen, daß vom Hirnstamm dominiert wird.

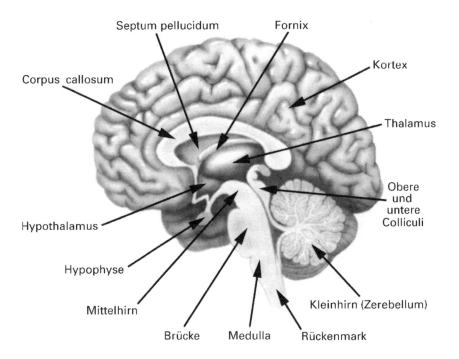

Septum pellucidum · Fornix · Kortex · Corpus callosum · Thalamus · Hypothalamus · Obere und untere Colliculi · Hypophyse · Mittelhirn · Brücke · Medulla · Rückenmark · Kleinhirn (Zerebellum)

Der Hirnstamm befindet sich am oberen Ende der Wirbelsäule und beherbergt die Nervenbahnen, die die Impulse zwischen Gehirn und Körper hin und her transportieren. Er ist ein Teil des Zentralen Nervensystems und verantwortlich für jene Neuronen, die Herzschlag, Blutdruck, Atem und auch die Impulse zum Schlucken, Lachen, Niesen usw. steuern. Er bildet das evolutionäre Kernstück – den primitiven Teil, den Menschen, Fische und Reptilien teilen. Seine Funktion ist von so grundlegender Bedeutung, daß eine Verletzung des Hirnstammkerns zum Tod führt. Der Hirnstamm enthält auch die Stelle, an der sich die Nervenbahnen zwischen Gehirn und Körper überkreuzen und ihren Weg auf die entgegengesetzte Seite einschlagen. Der Hirnstamm enthält die Pons (Brücke) und die Medulla oblongata. Mit dem Hirnstamm ist auch die Formatio reticularis verbunden, die für ein dauerhaftes Bewußtsein, Aufmerksamkeit und den Grad der Wachheit verantwortlich ist.

Das Retikuläre Aktivierungssystem (RAS) hat, bildlich ausgedrückt, die Funktion eines Weckers im Gehirn: Es überwacht sensorische Signale und verändert sie je nach Umstand so, daß sie entweder die Aufmerksamkeit erhöhen oder beruhigende Wirkung haben.

Das RAS ist ein komplexes Netzwerk von Nervenfasern im Innersten des Hirnstamms, das für Wachheit und Aufmerksamkeit sorgt.

Wie eine Brücke zwischen dem Hirnstamm und dem Kortex liegen Pons (Brücke) und Mittelhirn. Diese Zentren – ebenso wie Thalamus, Basalganglien, Hypothalamus und Kleinhirn – arbeiten zusammen und bilden die Organisationszentren des sensorischen, motorischen und autonomen Systems.

Der Thalamus fungiert als wichtige Verbindungsstelle; hier werden Impulse des Kleinhirns, des Retikulären Aktivierungssystems und der Nervenganglien an den Kortex übertragen. Mit Ausnahme des Geruchssinnes werden alle Sinne vom Thalamus gefiltert, bevor sie ihre speziellen Regionen im Kortex erreichen. Deswegen spielt der Thalamus eine bedeutende Rolle in der Interpretation von Sinnesreizen.

Der Hypothalamus befindet sich ein kleines Stück unterhalb des Thalamus; seine Rolle ist es, jene Hormone zu synthetisieren, deren Aufgabe es ist, die Körpertemperatur zu kontrollieren, und die auch für das Gleichgewicht des Wasserhaushalts und für das Sexualverhalten zuständig sind. Diese Hormone werden dann in die Hypophyse geschleust, wo sie gespeichert oder aber in den Blutkreislauf abgegeben werden. Diese zwei Zentren bezeichnet man als den Sitz des limbischen Systems, das der Mensch mit anderen Säugetieren gemeinsam hat. Von eben diesem limbischen System aus entstehen Empfindungen, Leidenschaft, Antrieb,

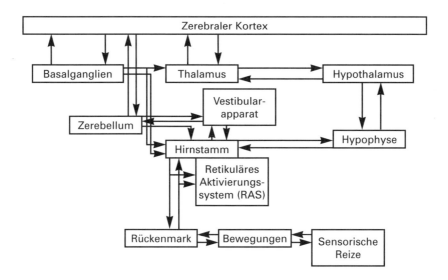

Die Funktion des Kortex

Angst, Wut und Trauer. Wenn der Gehirnstamm für das Überleben steht, so sind es das Mittelhirn und das limbische System, die das darstellen, was wir Instinkt nennen. Letztere steuern auch größtenteils unseren Stoffwechsel und unsere Stoffwechselreaktionen auf die uns umgebende Welt.

Es besteht die Auffassung (Gaddes, 1980), daß einige Verhaltensweisen direkt aus reflexhafter oder spontaner Reizung des Hypothalamus und mit ihm verbundener Strukturen resultieren, und zwar in Kombination mit erlernten hemmenden Prozessen, die vom zerebralen Kortex gelenkt werden:

„Übermäßige Stimulation des Hypothalamus mit zu
wenig kortikaler (oder intellektueller) Kontrolle ist
möglicherweise der Grund für das auffällige Sozial-
verhalten von besonders aufsässigen Kindern, das
sich bis zur Unerträglichkeit steigern kann. Diese
Kinder mißachten die Rechte und Wünsche anderer.
Das umgekehrte Muster kann bei Kindern zugrunde-
liegen, die überangepaßt, gehemmt und phantasielos
sind."

Diese Beschreibung hat bemerkenswerte Ähnlichkeit mit den beiden Verhaltensprofilen, die jene Kinder charakterisieren, die – wie in Kapitel 1 beschrieben – vom Moro-Reflex gesteuert werden.

Die Basalganglien sind für die Organisation unwillkürlicher und bedingt willkürlicher Handlungen verantwortlich, auf denen dann bewußt intendierte Bewegungen aufbauen. Sie sollten deshalb dafür sorgen, daß das Gleichgewicht zwischen hemmenden und bahnenden Einflüssen aufrechterhalten wird. Handlungen, die zunächst einiger Übung bedürfen, sollten schließlich in das automatische Repertoire der Basalganglien integriert werden. In diese Kategorie gehören das Erlernen des Klavierspiels, Autofahrens oder Fahrradfahrens.

Basalganglien sind drei kleine Nervenfaserbündel, die an der unterbewußten Regulierung von Bewegungen beteiligt sind.

Mit dem Hirnstamm verbunden, aber kein Teil von ihm, ist das Kleinhirn (Zerebellum). Der Name Zerebellum bedeutet – wegen seiner beiden Hälften – wörtlich übersetzt „das kleine Gehirn".

Während der Kortex uns ermöglicht, all jene höheren Funktionen auszuführen, die einzigartig menschlich sind, beherrscht das Kleinhirn jede Bewegung bei uns Menschen. Obwohl es selbständig überhaupt nichts ausrichten kann, überwacht es Impulse, die es aus den motorischen Zentren des Gehirns und aus den Nervenenden in den Muskeln empfängt. Die Anzahl der empfangenen Impulse übersteigt die der ableitenden Impulse im Verhältnis 3:1, da es die Aufgabe des Kleinhirns ist, relevante Informationen auszufiltern und weiterzuleiten. Das vestibuläre System, die Augen und die Gelenkmuskeln der unteren Gliedmaßen und des Rumpfes geben Impulse an das Zerebellum weiter. Letztlich ist das Kleinhirn für die Regulierung der Halte- und Stellreflexe und des Muskeltonus zuständig, ebenso wie für das Aufrechterhalten des Körpergleichgewichts.

Das reibungslose Funktionieren des Bewegungssystems ist vom gesamten Zentralen Nervensystem – dem motorischen wie dem sensorischen Teil – abhängig. Willkürliche und bedingt willkürliche Bewegungen entwickeln sich, indem sie geübt werden, sind aber unmöglich ohne die schon vorher angelegten Haltungsmuster, die durch das basal-retikuläre System vorgegeben sind. Während das Kind seine körperliche Reife erlangt, sollte die Befehlsordnung von oben nach unten verlaufen, wobei der zerebrale Kortex die Funktionen der Basalganglien beeinflußt und modifiziert, wodurch verschiedene Zentren im Hirnstamm modifiziert werden, was dann wiederum die Bewegungsreflexe beeinflußt. Auf jeder dieser Ebenen gibt es ein Feedback der Informationen an die Zentren, und das Kleinhirn fungiert hierbei als die entscheidende Kontrollinstanz

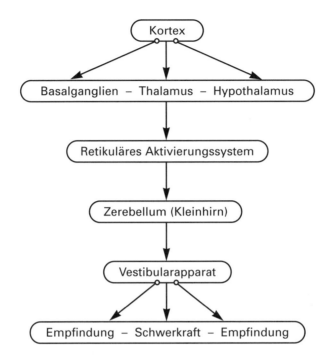

in diesem Informationsnetzwerk. Eine Dysfunktion auf einer beliebigen Ebene schneidet tieferliegende Zentren von den Funktionen der darüberliegenden Zentren ab. Ebenso sind die höher gelegenen Zentren nicht in der Lage, ihre Kontrolle aufrechtzuerhalten, wenn die Hemmung der tiefer gelegenen Zentren fehlschlägt. Die beschriebene Befehlskette sollte so verlaufen, wie es im nachfolgenden Diagramm dargestellt wird.

Schädigungen des Kleinhirns können zur Lähmung der betroffenen Körperregionen führen. Eine zerebelläre Dysfunktion kann allgemeine Ungeschicklichkeit zur Folge haben, die die Geschicklichkeit der Hände und das erforderliche Zusammenspiel von visuellen und motorischen Fertigkeiten beeinflussen kann. Deshalb hat man das Kleinhirn auch als den „Schutzheiligen der Tolpatsche" bezeichnet (Restak, 1991). Als Regler der Halte- und Stellreflexe sind die vom Kleinhirn abhängigen Funktionen grundlegend betroffen, wenn sich die Halte- und Stellreflexe nicht oder nur unvollständig entwickeln. Ebenso kann eine Dysfunktion des Kleinhirns die Entwicklung von Halte- und Stellreflexen behindern. Das Kleinhirn spielt auch

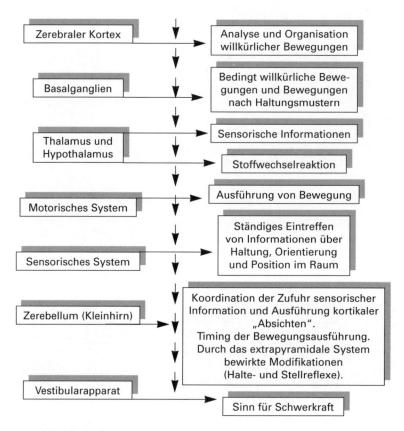

Informationsfeedback

eine wichtige Rolle beim aufeinander aufbauenden Lernen, Auswendiglernen sowie beim Kurzzeitgedächtnis. Dies mag einer der Gründe dafür sein, daß die Behandlung des Kleinhirns und des vestibulären Apparates mit Medikamenten (Levinson, 1984) die Leistung einiger Kinder mit Legasthenie drastisch verbessert.

Am Ende der Gehirnpyramide befindet sich schließlich der Kortex. Er besteht aus zwei Hemisphären, die durch das Corpus callosum miteinander verbunden sind. Obwohl einige Aufgaben von beiden Gehirnhälften gemeinsam ausgeführt werden, haben die rechte und die linke Hälfte des Kortex spezialisierte Aufgaben zu bestreiten; sie sind aber bei der Ausführung dieser Aufgaben voneinander abhängig, woraus sich auch die Bedeutung des zwischen ihnen liegenden Corpus callosum erklärt. Das Corpus callosum enthält Millionen von Nervenfasern, die die Kommunikation und das augenblickliche Feedback zwischen einer Gehirnhälfte und der anderen ermöglichen. Stellen wir uns vor, beide Seiten des Kortex würden durch einen chirurgischen oder chemischen Eingriff voneinander abgeschnitten: Würde man den Patienten bitten, zwei vorher identifizierte, bestimmte Gesichter in einer Menschenmenge wiederzufinden, würde jede Seite eine unterschiedliche Methode anwenden. Während die linke Gehirnhälfte in logischer Abfolge mühsam jedes einzelne Gesicht untersuchen würde, bis sie das richtige gefunden hätte, würde die rechte Hälfte die ganze Masse von Gesichtern überfliegen, bis sie ihr Ziel erreicht hätte, aber der Besitzer dieses Gehirns wäre nicht in der Lage, den Namen der Person zu nennen, da die Verbindung zum Sprachzentrum in der linken Hemisphäre durchtrennt ist. Die Kommunikation zwischen beiden Hälften ist also ganz offenkundig von entscheidender Wichtigkeit.

Hier wird ein großer Unterschied zwischen Männern und Frauen deutlich: Das Corpus callosum wird bei Frauen bis zu 40 % größer als bei Männern. Dies mag einiges zur Erklärung für die männliche Tendenz beitragen, eher zielstrebig an Probleme heranzugehen, während Frauen eine ganze Anzahl von Faktoren gleichzeitig abwägen können. Im Kortex werden Informationen aus allen anderen Gehirnzentren bewußt gemacht; auf der Basis der Analyse durch den Kortex geschieht dann die Entscheidung über Handlungen. Der Kortex sollte der Sitz des Intellekts, der Entscheidungen und der kontrollierten Reaktionen sein. Er kann seine Aufgabe allerdings nur dann mühelos und effizient erfüllen, wenn die Reflextätigkeit der unteren Zentren zur richtigen Zeit und in hierarchischer Reihenfolge integriert wird.

Das Corpus callosum fungiert offensichtlich auch als Trennwand, die bei bestimmten Gelegenheiten Informationen der einen Hälfte des Kortex von der anderen fernhält. Es sollte in der Lage sein, den Austausch von Informationen entweder zu fördern oder zu hemmen.

Die Spezialisierung der Gehirnhälften

Zusätzlich zu ihren spezifischen Fertigkeiten scheint die rechte Hälfte des Kortex eine entscheidende Rolle beim Erlernen neuer Aufgaben zu erfüllen. In gewissem Sinn bildet sie das Übungsgelände für neu erworbene Fertigkeiten, die dann in die linke Gehirnhälfte verschoben werden, wo sie

Gliederung, Logik und Detail erhalten. Wenn ein bestimmtes Niveau des Verstehens oder der Fertigkeit erreicht ist, kann eine Gehirnhälfte zum Spezialisten für diese Tätigkeit werden. Bakker (1990) ist der Ansicht, daß ein Kind auf die folgende Weise das Lesen lernen sollte:

„Bei den ersten Leseversuchen wird die rechte Gehirnhälfte bevorzugt, während fortgeschrittene Leser
eher die linke Gehirnhälfte favorisieren. Es gibt also
während dieses Lernprozesses einen Zeitpunkt, zu
dem die Balance im Gehirn von rechts nach links
kippt, und zwar ungefähr im Alter von sechseinhalb
bis siebeneinhalb Jahren."

In dieses Alter fällt auch eine der wichtigsten Perioden der Myelinisation und der Verbindung zwischen Gleichgewichtsapparat, Kleinhirn und Corpus callosum. Auf diesem Hintergrund kommt die Annahme, daß die Lesefähigkeit eines Kindes eng mit dem Alter verknüpft sein soll, das wiederum durch die neurologische Entwicklung bestimmt ist, einem Quantensprung gleich. Das Entwicklungsalter muß nicht unbedingt dem chronologischen Alter entsprechen, weshalb Lehrmethoden das entwicklungsmäßige Alter des Kindes als Kriterium mit einbeziehen sollten.

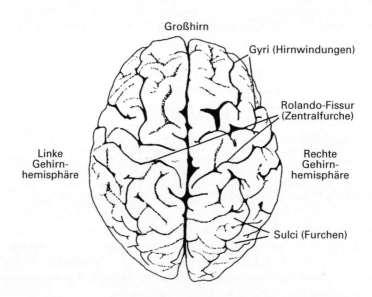

*Das Lesen mit der rechten Gehirnhälfte basiert auf visuell-räumlichen und
ganzheitlichen Fertigkeiten – zum Beispiel das Lesen ganzer Wörter oder die
„Anschauen und Benennen"-Methode.*

*Das Lesen mit der linken Gehirnhälfte schließt das Entschlüsseln (Deko-
dieren) einzelner Symbole ein, die Wortbildung aus Buchstaben und phonetische Fertigkeiten.*

Menschen, die unter den Folgen einer Verletzung der linken Gehirn-
hälfte leiden, zeigen schwere Sprech- und Sprachprobleme. Ein junger
Mann, der mit Anfang zwanzig in einen Autounfall verwickelt war und als
Folge eine schwere Schädigung der linken Gehirnhälfte zeigte, war in der
Lage, zu beschreiben, wie er sich in dieser Situation fühlte:

„Ich kann Geräusche nicht mehr so wie früher empfinden. Töne sind für mich eine flache Landkarte; es
gibt keine Hügel und Täler, obwohl ich weiß, wo sie
früher einmal waren. Ich weiß, was ich sagen will, aber
die Worte sind für mich wie der Mount Everest. Ich
kann die Spitze nicht sehen."

Seine Stimme war während dieses Berichts flach, monoton, stammelnd und
ohne Sprachmelodie. Er versuchte, das subsprachliche Zentrum der rechten
Gehirnhälfte zu benutzen, um zu kommunizieren. Das Ergebnis klang wie
die ersten Sprechversuche eines Erwachsenen in einer Sprache, die er neu
lernt. Viele Kinder, deren linkes Ohr das dominante Ohr ist, zeigen verschiedene Arten von Sprachschwierigkeiten – entweder beim Sprechen oder
beim Schreiben von Wörtern. Die Untersuchungen, die Galaburda (1978) an
den Gehirnen von Legasthenikern durchführte, zeigen, daß ein hoher Prozentsatz von ihnen abnorm kleine linke Gehirnhälften hatten. Dieses ist entweder ein Hinweis auf eine mangelnde Entwicklung der linken Gehirnhälfte
von Anfang an oder aber auf eine Unterentwicklung durch mangelnde Beanspruchung der Gehirnhälfte.

Im Fernen Osten, wo die Schriftsprache auf Piktogrammen basiert,
kommt Legasthenie so gut wie nie vor. Auch ein großer Teil der östlichen
Philosophie basiert auf dem Denken mit der rechten Gehirnhälfte, zum Beispiel die Möglichkeit, Vergangenheit, Gegenwart und Zukunft als nebeneinander existent zu begreifen. Wir tun dies auch, wenn wir träumen, und so
können logisch nicht miteinander verbundene Ereignisse zusammengebracht werden und auf eine räumlich-visuelle, ganzheitliche Weise betrachtet werden. Legastheniker scheinen bevorzugt die Lernmethoden der rechten Gehirnhälfte anzuwenden. Beim Lesen, Schreiben und Buchstabieren

haben sie Schwierigkeiten, die Methoden der linken Gehirnhälfte anzuwenden. Dies ist ungünstig, da eben diese Methoden den Reifeprozeß der linken Gehirnhälfte fördern würden.

Ein Fortbestehen des Asymmetrischen Tonischen Nackenreflexes stört die Unilateralität von Gehirnfunktionen (Gesell, Ames, 1947; C. Telleus, 1980). Das Ergebnis sind homolaterale Bewegungsmuster – dies führt dazu, daß die Mittellinie des Körpers eine Schranke bildet, die die Kreuzmusterbewegungen des Körpers verhindert. Auch wird die Geschwindigkeit der Übermittlung von Informationen im Gehirn verlangsamt.

Unilateralität bedeutet Dominanz einer Seite des Kortex über die andere.

Homolateralität beschreibt die gleichzeitige Bewegung der Glieder einer Seite des Körpers, z. B. bewegen sich der Arm und das Bein auf einer Körperseite zusammen. Für erwachsene Menschen mag sich das zeigen, wenn man nicht marschieren kann oder der Tanzpartner zwei linke Füße zu haben scheint.

Dysdiadochokinese ist symptomatisch für eine mangelnde zerebrale Dominanz. Anders ausgedrückt: Bis das Kleinhirn die Kontrolle über die Feinmotorik der Muskeln gewonnen hat, so daß das Kind den Finger-Oppositionstest ohne Schwierigkeiten ausführen kann, ist die unabhängige Bewegung auf jeder Körperseite nicht ausgebildet und die zerebrale Dominanz ist nicht eingetreten.

Dysdiadochokinese ist die Schwierigkeit, schnell abwechselnde Bewegungen auszuführen, was zum Beispiel die Feinmotorik der Hände, Finger oder Füße beeinträchtigt. Hierdurch werden handwerkliche Tätigkeiten beeinträchtigt. Auch das Auftreten von Sprechstörungen wird mit diesem Komplex in Verbindung gebracht.

Die größte Wachstums- und Reifeperiode des Kleinhirns ist die Zeit zwischen Geburt und dem Alter von fünfzehn Monaten; die Zeitspanne, während der die Entwicklung vom frühkindlichen Reflex hin zur Haltungskontrolle stattfindet. Der Reifeprozeß setzt sich bis zum Alter von sieben oder acht Jahren in langsamerem Tempo fort, bis die endgültige Verbindung von Gleichgewichtsapparat, Kleinhirn und Corpus callosum stattfindet. Es wird allgemein angenommen, daß gelegentlich vorkommende Buchstaben-, Zahlen- und Wortverdrehungen bis zum Alter von etwa acht Jahren normal sind: Dies ist genau die Zeit, zu der diese endgültige Verbindung stattgefunden haben sollte. Kommen diese Verdrehungen auch über dieses Alter hinaus vor, kann es sein, daß hier nicht nur ein Hinweis auf eine legasthenische Störung vorliegt. Unter diesen Umständen kann auch eine Unreife des Gleichgewichtssystems bzw. des Kleinhirns gegeben sein, was wiederum viele andere Funktionsbereiche in Mitleidenschaft ziehen kann. Das Fehlen von Halte- und Stellreflexen würde diese Diagnose bestätigen.

Der Ausdruck „Drei-in-Eins-Gehirn" („triune brain"; MacLean, 1979) bezeichnet die Aufteilung des Gehirns in drei Ebenen. Jede dieser Ebenen verkörpert oder repräsentiert eine Evolutionsstufe. Der Hirnstamm repräsentiert das „Reptiliengehirn", da es allen Wirbeltieren, vom Reptil bis zum Menschen, gemeinsam ist. In den ersten Lebenswochen wird der neugeborene Mensch völlig von seinem Hirnstamm gesteuert; seine Bewegungen ähneln denen eines Reptils: wie es den Kopf hebt, wie es sich in einer Umgebung, die der Schwerkraft verhaftet ist, windet und herumrollt. Das Mittelhirn stellt nach MacLean das „Säugetiergehirn" dar und dominiert das Kleinkind in der Phase, während es rollt, kriecht, sitzt, krabbelt und dann steht. Schließlich übernimmt der Kortex die Kontrolle. Er ermöglicht uns, zu stehen und uns zu bewegen, während wir unabhängig davon unsere Hände gebrauchen. Am Ende dieser Entwicklung werden wir zu rational handelnden, altruistischen menschlichen Wesen, die die Sprache logisch gebrauchen können. All diese Ebenen bleiben bestehen, jedoch sollten die niederen Gehirnregionen nicht bestimmend bleiben. Tun sie es doch, werden sie verhindern, daß die letzte Stufe der kortikalen Kontrolle vollständig entwickelt wird.

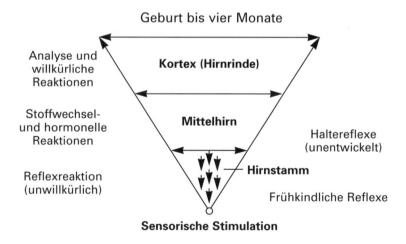

Geburt bis 4 Monate

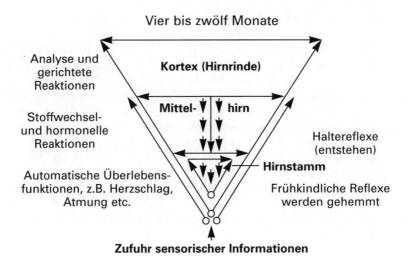

Geburt bis zwölf Monate

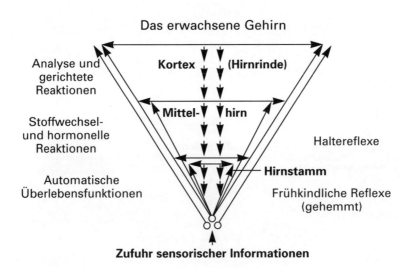

Das voll entwickelte Gehirn

Durch die Hemmung der frühkindlichen Reflexe und später durch die Entwicklung der Halte- und Stellreflexe vollzieht das Kleinkind die Evolution nach. Die Bewegungsabläufe, die die Entwicklung leistungsfähiger Nervenbahnen fördern, erleichtern die stetige Entwicklung des Gehirns.

„Üben und Wiederholen von Bewegungsmustern führen dazu, daß diese Bewegungen in das Repertoire an Fertigkeiten der jeweiligen Person aufgenommen werden. Vielleicht führt dies außerdem zu direkten Veränderungen in den betroffenen Neuronen, so daß der Impulsfluß in einer speziellen Bahn erleichtert wird. Durch Wiederholung wird die Entwicklung gefördert." (Draper, 1993)

Kapitel 4
Die Sinne

Kinder beginnen lange, bevor sie das Schulalter erreicht haben, mit dem Lernen. Das Lernen beginnt zum Zeitpunkt der Empfängnis, und es sollte ein ganzes Leben hindurch andauern, um sich im Einklang mit dem Körper zu entwickeln. Alles Lernen findet im Gehirn statt; das Transportmittel für den Erwerb des Wissens ist allerdings der Körper. Die Zusammenarbeit von Gehirn und Körper geschieht durch das Zentrale Nervensystem (ZNS), um aber Informationen über die äußere, sie umgebende Welt zu erhalten, sind sie auf die Sinne angewiesen.

Das afferente System leitet Informationen zum Gehirn.
Das efferente System leitet Informationen vom Gehirn in den Körper.

Es wird allgemein angenommen, daß alle grundlegenden Systeme, die ein Kind für das schulische Lernen braucht, voll entwickelt sind, wenn es das Schulalter erreicht, und daß ein guter Unterricht und die Bereitschaft des Kindes, zu lernen, ihm eine erfolgreiche Schulzeit ermöglichen. Damit dieses so geschehen kann, müssen mindestens drei wesentliche Systeme reibungslos zusammenarbeiten:

1. die Aufnahme von Informationen über die Sinne
2. das Verarbeiten von Informationen im Gehirn
3. die Antwort bzw. Reaktion auf diese Information über das efferente (Nerven-) System.

Es wurde bereits dargestellt, wie das Reflexsystem Einfluß auf die Leistung bei der Informationsverarbeitung und bei der Reaktion auf Informationen nehmen kann. Als Folge reagiert der Hirnstamm in der Weise, daß es die Reaktion ohne direkte Beteiligung der höheren Gehirnregionen weiterleitet. Ebenso kann die Zufuhr von verzerrten sensorischen Signalen neue Reflextätigkeit auslösen, die sonst gehemmt bleiben würde. Auf diese Weise wird ein Teufelskreis verzerrter Empfindungen und unangemessener Reaktionen etabliert.

Es ist seit jeher bekannt, daß Seh- und Hörstörungen den Lernprozeß behindern. Leider werden diese Störungen immer noch isoliert voneinander von verschiedenen Experten untersucht. Ein Kind wird oft nur wegen eines Defizits in einem Gebiet untersucht, und weitere Untersuchungen – was das Kind sieht, was es hört, wie es Berührungen empfindet – werden gar nicht durchgeführt. Es ist aber so, daß visuelle oder akustische Hypersensitivität das Lernen genauso behindern wie ein Verlust derselben. In einigen Fällen vereinigt ein Kind sowohl Hyper- als auch Hyposensitivität (Delacato, 1974). Sowohl das Sehen wie auch das Gehör sind vom Gleichgewichtssystem abhängig; trotzdem arbeiten Beschäftigungstherapeuten und Hörspezialisten getrennt voneinander und erfahren vielleicht nie, daß sie beide mit denselben Kindern arbeiten – solchen, deren Hauptproblem sich im Innenohr befindet.

„Hyper" beschreibt ein überempfindliches, unangemessen starkes Aufnehmen auch unwesentlicher Informationen.

„Hypo" beschreibt einen Vorgang, in dem unangemessen wenig Sinneseindrücke aufgenommen werden.

Vom „weißen Rauschen" spricht man, wenn permanente Hintergrundeindrücke andere Eindrücke stören.

Wenn das System überladen ist, kann es beim Kind zu einer Schockreaktion kommen. Möglicherweise schaltet das sympathische Nervensystem alle Eindrücke aus und weigert sich, auf bestimmte Stimulatoren zu reagieren. Dies mag als Hyposensitivität gewertet werden, tatsächlich ist dies aber eine extreme Reaktion auf eine Hypersensitivität.

Das sympathische Nervensystem besteht aus einem Netz von Nervenfasern, die, wenn sie unter Streß stehen, den Körper entweder zur Flucht veranlassen oder in Kampfbereitschaft versetzen. Dazu beschleunigt es den Herzschlag und die Atmung und vergrößert so die Versorgung mit Sauerstoff, der durch die beschleunigte Herztätigkeit von der Haut bis in die tiefen Muskelregionen gepumpt wird. Blaßwerden oder Erröten der Haut ist also ein Hinweis auf die Verfassung eines Kindes. Das parasympathische Nervensystem – sein Gegenspieler im ausgleichenden, selbstregulierenden Nervensystem – erhöht die autonome Ausscheidung der Speicheldrüsen, verlangsamt den Herzschlag, beschleunigt die Verdauung und weitet die Blutgefäße.

Keiner der Sinne entwickelt sich isoliert oder funktioniert nur für sich. Jeder Sinn wird durch Informationen der anderen Sinne verstärkt, modifiziert oder beeinflußt. Unsere Sprache und unser Sprachverständnis verdeutlicht, daß die überkreuzende Benennung von Sinneseindrücken grundlegend für das Verstehen der Welt ist: Das Gehör wird als „spezialisierter Tastsinn" beschrieben, wir „schmecken" mit der Nase, „weiden" uns an etwas mit den Augen, „sehen" mit den Fingern, und nach Tomatis „lesen" wir sogar mit den Ohren. Wir gehen übrigens ganz selbstverständlich davon aus, daß die Balance der verschiedenen Aspekte unseres Lebens eine grundlegende Voraussetzung für unsere Gesundheit und unser Wohlergehen ist. Und dennoch scheint der Gleichgewichtssinn der vergessene sechste Sinn dieses Jahrhunderts zu sein. Es ist unbedingt notwendig, die Sinne und die Art, wie sie einander ergänzen, zu verstehen, wenn wir jene Kinder unterstützen wollen, die „keinen Sinn" in ihrer Welt erfahren und deshalb Schwierigkeiten mit den herkömmlichen Methoden des Lernens haben.

Gleichgewicht und vestibuläres System

Das Gleichgewicht ist das Herzstück aller Funktionen. Das Gleichgewichtssystem ist das erste System, das voll entwickelt wird, schon um die 16. Schwangerschaftswoche arbeitet und mit der Geburt myelinisiert ist. Das Gleichgewichtssystem gibt dem Neugeborenen einen Richtungs- und Orientierungssinn in der Gebärmutter. Es sorgt dafür, daß das Kind mit der Schwerkraft umgehen kann, deren volle Kraft das Kind bei der Geburt zu spüren bekommen wird.

Das Gleichgewichtssystem überwacht den Austausch aller Sinneseindrücke zwischen dem Gehirn und dem Körper – in beide Richtungen.

Alle Lebewesen teilen diese eine Beziehung: ihre Beziehung zur Schwerkraft. Die Schwerkraft ist es, die uns unseren Mittelpunkt gibt, sei es im Raum, in der Zeit, bei Bewegungen, im Bewußtsein von Tiefe oder als Zentrum unserer eigenen Person. Die Schwerkraft ist der Mittelpunkt, aus dem heraus alle Handlungen erst möglich werden. Probleme mit dem Gleichgewichtssystem wirken sich auf sämtliche anderen Funktionen aus. Sie beeinträchtigen die sensorischen Systeme, da alle Sinneseindrücke das vestibuläre System auf Hirnstammebene passieren, bevor sie weitergeleitet werden, um analysiert zu werden.

Das vestibuläre System wirkt eng mit den Reflexen zusammen, um das Gleichgewicht zu erleichtern. Es befindet sich im Innenohr, und seine Aufgabe ist, jede Bewegung des Kopfes, jede Bewegung in der Umgebung zu überwachen, zu regulieren und entsprechende Anpassungen zu veranlassen.

„Sobald wir uns bewegen und mit der Schwerkraft
umgehen, werden sensorische Rezeptoren im Ohr aktiviert und Nervenimpulse, die die Einschätzungen

über die Position des Kopfes im Raum an das Zentrale
Nervensystem leiten, werden in verschiedene Bereiche
des Gehirns und die Wirbelsäule hinunter geschickt.
Es wird angenommen, daß sensorische Impulse von
Augen, Ohren, Muskeln und Gelenken mit dem vesti-
bulären Input übereinstimmen müssen, bevor diese
Informationen reibungslos erneut verarbeitet werden
können. Wenn das so stimmt, dann ergibt das, was wir
sehen, hören und fühlen nur einen Sinn, wenn das
Gleichgewichtssystem angemessen funktioniert."
(J. Pyfer, R. Johnson, 1981)

Das Gleichgewichtssystem hat zwei wichtige Bestandteile:

1. drei mit Flüssigkeit gefüllte Bogengänge, die im rechten Winkel zuein-
   ander angeordnet sind
2. zwei Säckchen (Sacculus), die ebenfalls mit Flüssigkeit gefüllt sind.

Die Innenseiten beider Organe sind mit Haarzellen überzogen. Jede Bewegung des Körpers, vor allem Bewegungen des Kopfes bringt die Flüssigkeit
in den Bogengängen und den Säckchen in Bewegung und stimuliert die
Haarzellen. Die Bewegung der Haarzellen löst die Freisetzung von Nerven-
signalen aus, die das Gehirn mit Informationen über Richtung, Winkel und
Ausmaß der Bewegung versorgt, so daß die entsprechenden Muskelanpas-
sungen geschehen können. Bestimmte Haarzellen besitzen eine besondere
Empfindlichkeit für die Schwerkraft. Sie informieren das Gehirn über jede
Abweichung von der aufrechten Haltung. Auf ihrem Weg zum Kleinhirn
passieren dann Signale aus dem vestibulären System den Gleichgewichts-
nerv (Vestibularis). Das Kleinhirn wird auch als „der Vermittler zwischen
Sinneseindruck und Reaktion auf Gehirnebene" beschrieben (Levinson,
1981), da es die aus dem Innenohr kommenden Informationen sowie Informationen aus anderen Teilen des Körpers koordiniert. Das Kleinhirn über-
mittelt, wo wir uns im Raum befinden und in welcher Position wir uns befinden, das heißt ob wir gerade stehen, sitzen, rennen, klettern oder einen
Salto schlagen. Stimmen die Informationen vom vestibulären System nicht
mit den Informationen überein, die die anderen Sinne liefern, ist Reiseübelkeit die Folge. Astronauten erleben eine besondere Form dieses Zustandes,
wenn sie in die Schwerelosigkeit versetzt werden, wo sie das Empfinden für
ihr Zentrum verlieren und sie sehr stark auf ihren Tastsinn und das Sehen
angewiesen sind, um sich den Ortssinn zu bewahren.

Es ist seit langem bekannt, daß der Entzug von Sinneseindrücken zu emotionalem und körperlichem Leiden führt. In extremen Fällen wurde diese Art von Entzug als Verhör- und Foltermethode eingesetzt, was in sehr kurzer Zeit zu nicht mehr heilbaren geistigen Schädigungen führte. Den unglücklichen Opfern wurden die Augen verbunden, sie wurden in Anzüge gesteckt, die ihre Körper vom Kopf bis zu den Zehen bedeckten (so wurden sie von allen äußeren Reizen abgeschnitten), und über Kopfhörer wurden sie gezwungen, „weißes Rauschen" (permanente Hintergrundgeräusche) zu hören. Wenn dies zu keinem Ergebnis führte, wurde das Opfer in einem Apparat, der einer Zentrifuge vergleichbar ist, einige Minuten herumgewirbelt, was verheerende Auswirkungen hatte. Nur sehr wenige Opfer dieser Behandlung haben ihre geistige Gesundheit jemals wiedererlangt.

Das Gleichgewichtssystem ist vielleicht das entwicklungsgeschichtlich gesehen älteste und primitivste aller sensorischen Systeme. Es wird angenommen, daß das menschliche Ohr einen Auswuchs oder eine Weiterentwicklung spezieller Hautfalten darstellt, wie man sie rund um die Kiemen von Fischen findet. Fische beziehen ihre Warnsignale von sich nähernden Hindernissen, Futterquellen oder Feinden aus der Bewegung von Haaren, die sich an diesen empfindlichen Körperstellen befinden. Bei Säugetieren hat das Ohr eine höhere Entwicklungsstufe erreicht und teilt sich in zwei Strukturen:

1. Vestibular- oder Gleichgewichtsmechanismus
2. Cochlea oder akustisches System.

Oft werden diese beiden Strukturen von Fachleuten als getrennte Systeme angesehen, obwohl sie faktisch eine Kammer, Flüssigkeit und Informationsübertragung durch denselben Gehirnnerv (den 8.Gehirnnerv) miteinander teilen. Somit wird das Gehör zwingend von Informationen beeinflußt, die den Vestibularapparat passieren, ebenso wie der Vestibularapparat von Geräuschen beeinflußt wird.

Madaule (1993) stellte fest, daß es allein der vestibuläre Teil ist, der langsame Bewegungen überwacht, daß wir aber auch die akustische Komponente für Bewegungen benutzen, deren verursachte Schwingungen sich mit einer Geschwindigkeit schneller als 20 Hz ausbreiten. Das geschieht, indem wir die Distanz zwischen beiden Ohren messen, um zu lokalisieren, wo die Bewegung herkommt.

Hz (Hertz) beschreibt die Anzahl von Schwingungen pro Sekunde.

Steinbach (1994) prägte die These, daß „Geräusche keine Geräusche sind", sondern vielmehr der physikalische Ausdruck von Bewegung oder Schwingungen. Das Ohr wäre also Rezeptor und Überträger von Schwingungen, die für das Gehirn in sinnvolle Signale übersetzt werden müssen. Störungen im Vestibularapparat beeinträchtigen den Punkt in der Informationsverarbeitung, an dem das auditive System seine Aufgabe aufnimmt, und Probleme im akustischen System können ihren Ursprung in einem vestibulären System haben, das überlastet ist, da es Schwierigkeiten zu kompensieren versucht.

Sowohl das Gleichgewichtssystem als auch das Reflexsystem sind auf den Gesichtssinn ausgerichtet; sie bilden den Boden, auf dem die okulomotorischen und die visuell-perzeptorischen Fertigkeiten aufgebaut sind. Impulse, die vom Gleichgewichtssystem an den Hirnstamm geleitet werden, beeinflussen die Gleichgewichtsreaktionen durch Bewegungsnerven, die die Augenbewegungen steuern, und durch Nerven, die zum somatosensorischen Teil des Kortex führen.

„Die Zufuhr von vestibulären Informationen ist notwendig für die statische und dynamische Gleichgewichtsentwicklung, sowie für die Fertigkeit, ein Objekt mit den Augen zu verfolgen, und für die Bewegungsplanung. Kinder, die nur langsam ein gut funktionierendes Gleichgewichtssystems entwickeln, werden auch alle grobmotorischen Bewegungsmuster, die die Koordination beider Seiten des Körpers erfordern, nur mit Verzögerung entwickeln. Sie werden eventuell Schwierigkeiten haben, Halte- und Stellreaktionen aufrechtzuerhalten, Augen und Hände zu koordinieren und eine feine Muskelkontrolle zu entwickeln."
(Pyfer 1981)

Unangemessene vestibuläre Signale können frühkindliche Reflexreaktionen auslösen; ebenso wird aber auch eine abweichende Reflexaktivität die Funktion des vestibulären Systems behindern. Bevor das Kind die Informationen nutzen kann, mit denen es von seinen Sinnen versorgt wird, muß eine Balance zwischen den Sinnen herrschen.

Symptome, die auf eine Störung des Gleichgewichtssystems hindeuten

1. Schlechtes Gleichgewicht.
2. Reisekrankheit, Schwindelgefühle.
3. Abneigung gegen Höhen, Schaukeln, Karussells.
4. Das Kind verliert leicht die Orientierung.
5. Schwierigkeiten, stillzusitzen.

6. Okulomotorische Störungen.
7. Schwierigkeiten bei der visuellen Wahrnehmung.
8. Schlechte Richtungswahrnehmung.
9. Schwierigkeiten bei der räumlichen Wahrnehmung.
10. Schlechte organisatorische Fähigkeiten – Beschreibungen wie „benebeltes" Verhalten und geistige „Zerstreutheit" sind hier ganz wörtlich zu verstehen.

Der Tastsinn

Obwohl das Gleichgewichtssystem der erste vollständig entwickelte und myelinisierte Sinn ist, ist der Tastsinn derjenige, der uns die erste Kontaktquelle zur äußeren Welt bietet. Die erste beobachtete Reaktion auf eine taktile Stimulation tritt mit etwa fünf Wochen nach der Empfängnis mit dem Erscheinen einiger im ersten Kapitel erwähnten Rückzugsreflexe auf. Die sanfte Stimulation der Oberlippe führt zu einem unmittelbaren Rückzug des ganzen Organismus von der Kontaktquelle. Die tastempfindliche Region weitet sich in den nächsten vier Wochen sehr schnell aus, zunächst auf den gesamten oralen Bereich, dann auf die Handflächen und die Fußsohlen, bis schließlich die ganze Körperoberfläche auf Berührungen reagiert. Wie auch immer, die früheste primitive Erfahrung von Berührung ist eine defensive, charakterisiert durch Rückzug.

Während des zweiten und des letzten Drittels der Schwangerschaft sollte das Tastbewußtsein reifen, um die Entwicklung der Greifreflexe (Palmar- und Plantar-Reflex, Such- und Saugreflex, Moro-Reflex etc.) zu ermöglichen, so daß für das Baby zum Zeitpunkt der Geburt Berührung mit Sicherheit, Nahrungsaufnahme, Geborgenheit und schließlich mit der Erforschung seiner Umwelt verbunden ist. Berührung geht – als erster Lernweg – sowohl dem Hören als auch dem Sehen voraus: Berührungsrezeptoren bedecken den ganzen Körper.

Die Gehirnregion, die taktile Informationen empfängt, umgibt den Kopf wie ein Stirnband und wird als somatosensorischer Kortex bezeichnet. Er ist in der Lage, Hitze, Kälte, Druck, Schmerz und die Position des eigenen Körpers zu registrieren. Die empfindlichsten Körperregionen sind entsprechend groß im somatosensorischen Kortex repräsentiert, wobei Lippen, Hände und Genitalzonen einen großen Teil dieser somatosensorischen Landkarte einnehmen. Sogar die Haarwurzeln besitzen Berührungsrezeptoren. Genau wie Fische Bewegungen durch die Bewegung von Haaren auf der Körperoberfläche wahrnehmen und das Gleichgewichtssystem durch die Bewegung von Flüssigkeit über die Haarzellen funktioniert, ist der Berührungssinn grundlegend für das Funktionieren von Gleichgewicht, Orientierung und Bewegung.

Ayres (1980) unterteilte das Tastsystem in schützende und unterscheidende Subsysteme: Die schützenden Rezeptoren befinden sich rund um die Haarfollikel und reagieren auf leichte Reize, wie Geräusche und Luftwellen (Schwingungen), die sich den Körper entlang bewegen. „Sie (die Rezeptoren) teilen uns buchstäblich mit, wo unser Körper aufhört und der Raum anfängt." (Pyfer, 1981) Die unterscheidenden Rezeptoren befinden sich in der Oberhaut und reagieren, wenn die Haut – entweder aktiv oder passiv – direkten Kontakt mit etwas bekommt. Beide Systeme sollten in ihren Funktionen das jeweils andere ausschließen, das heißt, ein System schaltet ab, sobald das andere aktiv wird. Das Schutzsystem bleibt aktiv, bis wir berührt werden. Sofern dieser Berührungskontakt kein bedrohlicher ist, tritt, sobald der Kontakt stattfindet, das Unterscheidungssystem in Aktion.

Die obere Hautschicht nennt man Dermis.

Ein Kind, das über ein überaktives Schutzsystem verfügt, wird als „berührungsdefensiv" bezeichnet; bei solchen Kindern sind eventuell noch nicht gehemmte Rückzugsreflexe aktiv, die weiterhin Einfluß auf das Zentrale Nervensystem haben. Wenn dies der Fall ist, kann das Kind eine Berührung weder als unmittelbaren Trost noch als Informationsvermittler empfinden, da die Reflexreaktion den Rückzug von der Kontaktquelle veranlaßt und das Kind seine Fertigkeiten zur taktilen Unterscheidung nicht angemessen anwenden kann.

Das „hypertaktile" Kind hingegen kann über eine anormale Wahrnehmung jeglicher Reize verfügen, die vom somatosensorischen Kortex registriert werden. Es hat oft eine niedrige Toleranzschwelle und schlechte Anpassungsmechanismen gegenüber Hitze und Kälte. Seine Schmerzgrenze ist ebenfalls oft niedrig, vor allem bei Hautverletzungen. Paradoxerweise ist die Toleranzschwelle gegenüber inneren Schmerzen eher hoch. Dies sind die Kinder, die bei Injektionen, Hautabschürfungen und kleinen Schnittwunden überreagieren, aber andererseits nicht bemerken, wenn ihre Beine mit blauen Flecken übersät sind. Sie reagieren mit Abneigung auf körperlichen Kontakt in jeder Form und haben deswegen auch Schwierigkeiten, Zuneigung zu zeigen oder anzunehmen – was es den Eltern schwer macht, eine liebevolle Beziehung zu ihrem Kind aufzubauen. Es mag sein, daß ein solches Kind einen unmäßigen Starrsinn entwickelt, wenn es um seine Kleidung oder ganz allgemein um „seine

Sachen" geht. Kontaktsport wird gemieden, und oft besteht kein klares Körperbild und kein Sinn für den eigenen Raum.

Im Extremfall kann all dies eine entscheidende Rolle bei der schwerwiegenden Entstellung des eigenen Körperbildes spielen, wie sie für die Anorexia nervosa (Magersucht) typisch ist. Frauen, die an Anorexie leiden, „fühlen" sich dick; ihr Empfinden für den eigenen Körper ist in einer Weise verzerrt, daß sie das Gefühl haben, er nimmt viel mehr Raum ein, als es tatsächlich der Fall ist. Trotz aller Versuche, von innen heraus zu „schrumpfen", wird kein Gewichtsverlust, so enorm er auch sein mag, etwas an dieser Empfindung ändern, da die Oberfläche der Haut im Verhältnis zum Körperinneren und damit die Anzahl der Hautrezeptoren, die den Kontakt zur Außenwelt halten, immer gleich bleiben wird. Da Empfindungen dieser Art vom Hirnstamm vermittelt werden, überlagert dieses Gefühl jede Logik, die vom Kortex eingesetzt wird; die Anorexie-Patientin ist einfach nicht in der Lage, die Wahrnehmung ihrer eigenen Erscheinung zu ändern, ganz gleichgültig, wie deutlich sie das Gegenteil vor Augen hat.

Die taktile Unterscheidungsfähigkeit sollte uns eine große Menge Informationen über unsere Umgebung zur Verfügung stellen. Studien an Ratten haben erwiesen, daß Nachkommen, die in einem berührungsreichen Umfeld aufgezogen werden, ein besseres Immunsystem entwickeln und eine schnelle Gewichtszunahme zeigen. Ausreichende Berührungen gleich nach der Geburt führen auch zu dauerhafter Sensitivität jener Gehirnregion, die die Streßreaktionen kontrolliert, was eine Reduzierung der Streßhormone zur Folge hat. Kleine Kinder, die keine Berührungen erleben, zeigen sehr bald Störungen und versuchen eventuell, durch Selbststimulation Sinneseindrücke von außen zu beziehen. Ein Beispiel ist das hospitalisierte Hin- und Herschaukeln, das man oft bei Kindern beobachten konnte, die in Waisenhäusern aufwuchsen. Allzuoft wird dieses Schaukeln als Zeichen für geistige Rückständigkeit gehalten, anstatt als Versuch des Kindes, sich mit den notwendigen vestibulären, taktilen und propriozeptiven Informationen zu versorgen. Studien über zu früh geborene Kleinkinder haben gezeigt, daß regelmäßige Massagen (dreimal täglich fünfzehn Minuten) bei diesen Kindern zu einer Gewichtszunahme von bis zu 45 Prozent führten.

In den ersten Lebensmonaten ist es der Mund, der dem Neugeborenen und Säugling die allerersten taktilen Informationen liefert – durch das Suchen der Brust, das Saugen, das Erforschen mit Lippen und Zunge. Auch die Hände sind beteiligt; zuerst mit Bewegungen der Handflächen (Palmar-Reflex) und Babkin-Reaktionen, später im Zusammenspiel zwischen den Händen und dem Mund. Dies ist die sogenannte orale Entwicklungsphase. Genauso wie bei der Entwicklung der pränatalen taktilen Reaktionen beginnt die postnatale Entwicklung des taktilen Empfindens beim Mund, setzt sich dann nach außen zu den Händen und Füßen fort und umfaßt schließlich den ganzen Körper. Wenn sowohl Rückzugs- als auch Greifreflexe über ihre normale Zeitspanne hinaus aktiv bleiben, werden sie die empfindliche Balance stören, die zwischen den beiden taktilen Systemen besteht – dem Schutz- und dem Unterscheidungssystem.

Die Babkin-Reaktion während der Stillzeit: Druck auf die Handfläche bewirkt Öffnen des Mundes. Saugbewegungen können bewirken, daß das Kind mit den Händen „knetet" – das gleiche geschieht übrigens bei Kätzchen, wenn sie bei der Mutter trinken.

Wenn die Kinder älter werden, nimmt der Körperkontakt mit den Eltern ab. In der Pubertät beginnen die Heranwachsenden mit dem Aufkeimen des sexuellen Bewußtseins vorsichtig wieder, Berührungsreize zu suchen: Die Suche nach Berührungskontakten durchzieht das ganze Leben. Es ist vielleicht die Gruppe der Acht- bis Sechzehnjährigen, die am meisten unter nicht erkannten Problemen mit Berührungsreizen leiden, denn dieses ist das Alter, in dem ein Kind *selbst* auf die Suche nach taktiler Information gehen muß – Eltern und Erzieher sind jetzt nicht mehr diejenigen, die das Kind mit dem ganzen Reichtum an Empfindungen und Reizen versorgen, wie sie es während der Kleinkindphase getan haben.

Ein Kind, dem die ausreichende schützende Kontrolle fehlt, wird sich zu einem waghalsigen Draufgänger entwickeln, der die Gefahr nicht spürt, der Verletzungen, die er sich oder anderen zufügt, oft nicht wahrnimmt und der die Körpersprache anderer nicht versteht. Solch ein Kind ist eine Gefahr für sich selbst und für alle anderen in seiner Umgebung – ein Kind mit einem „dicken Fell" im wahrsten Sinn des Wortes. Im Gegensatz zu ihm steht ein Kind, das mit einer taktilen Defensivhaltung vor allen Aktivitäten und Erfahrungen zurückscheut, für die es sensorisch unangemessen ausgerüstet ist.

Symptome für Hypertaktilität

1. Hypersensitivität.
2. Abneigung gegen Berührungen; andererseits kann es sein, daß diese Person zwanghaft andere Menschen immer wieder berührt.
3. Allergische Hautreaktionen.
4. Schlechte Temperaturkontrolle.
5. Niedrige äußere Schmerzgrenze.
6. Anorexie.
7. Abneigung gegen sportliche Aktivitäten.
8. Tendenz: eigene Sinneserfahrungen statt sich auf Worte zu verlassen.

Symptome für Hypotaktilität

1. Unterentwickeltes Berührungsempfinden.
2. Hohe Schmerzgrenze.
3. Große Vorliebe für Kontaktsportarten.
4. Provoziert möglicherweise Raufereien oder Schlägereien.
5. Zwanghaftes Berühren anderer.
6. „Elefant im Porzellanladen".

Das Hören

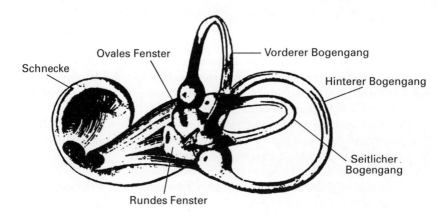

Hören ist, wie die vestibuläre und taktile Empfindung, ein Empfangen und Weitergeben von Energie durch Bewegung und Schwingung. Das menschliche Ohr ist ein kompliziertes, aus verschiedenen Teilen zusammengesetztes Organ, das während der zweiten Hälfte der embryonalen Entwicklung (vierte bis achte Woche im Mutterleib) entsteht. Während sich die Gehörknöchelchen des Mittelohres entwickeln, bilden sich Verbindungen zwischen der Cochlea, dem Gleichgewichtsorgan und dem Zentralen Nervensystem. Die Myelinisation der Gehörnervenfasern findet zwischen der 24. und der 28. Woche im Mutterleib statt, und von dieser Zeit an entwickelt sich allmählich auch die Wahrnehmung von Geräuschen. In diesem Stadium ist das Ohr in erster Linie für die Geräusche, die es im Mutterleib hört, empfänglich, jedoch reagiert der Fötus auch auf einige äußere akustische Reize.

In den ersten Tagen nach der Geburt sind die Ohren noch mit über-
schüssiger Flüssigkeit gefüllt (ähnlich dem Wasser, das man nach dem Baden
oder Schwimmen in den Ohren hat), weshalb das Kind in dieser Zeit in einem akustischen Niemandsland zwischen uterinen Lauten und Geräuschen
außerhalb der Gebärmutter lebt. Sobald diese Flüssigkeit verschwunden ist,
werden die Ohren des Neugeborenen empfänglich für ein enormes Spek-
trum an Geräuschfrequenzen, die etwa von 0 bis 20000 Hertz, bei einigen
aber noch darüber hinaus reichen.

*Die Anzahl der Schwingungen bestimmt die Tonhöhe, die man wahr-
nimmt; eine Schwingung von 125 Hz wird zum Beispiel als tiefer Ton gehört,
8000 Hz als hoher Ton.*

Während der ersten drei Lebensjahre muß das Kind lernen, die Ohren
auf die speziellen Frequenzen seiner eigenen Sprache einzustellen, ganz
ähnlich wie ein Radio eingestellt wird, um verschiedene Sender empfangen
zu können. Dies ist das Stadium, in dem ein Kind allein dadurch jede Sprache lernen kann, daß es den Lauten dieser Sprache eine bestimmte Zeit lang
ständig ausgesetzt ist, unabhängig von der Sprache, die die Mutter des Kindes spricht. Über das Alter von drei Jahren hinaus, wenn diese Feineinstellungen abgeschlossen sein sollten, wird es für Kinder sehr viel schwieriger,
eine neue Sprache „aufzunehmen".

Der Gehörverlust gilt seit langem als enormes sprachliches, pädagogi-
sches, soziales und intellektuelles Handikap. Viel weniger Beachtung fanden bis vor kurzem Probleme bei der akustischen Unterscheidung oder Diskriminierung, die bei Kindern mit Lernschwierigkeiten oder Sprachstörungen festgestellt wurden. Diese Kinder hatten unter Umständen zum
richtigen Zeitpunkt mit dem Sprechen begonnen, aber die detaillierte Analyse von Lauten, die für das Lesen und Buchstabieren unerläßlich ist, war
ihnen nicht möglich: Ein Kind ist dann nicht in der Lage, die Unterschiede
zwischen ähnlich klingen Lauten oder Lautverbindungen wie „d" und „t",
„m" und „n", „g" und „k", „b" und „p" zu hören. Wenn diese Buchstaben
für das Kind gleich klingen, nimmt es an, daß sie auch durch den gleichen
Buchstaben dargestellt werden.

Storr (1993) erörtert zwei grundlegende Komponenten des Lesens: Hören und Sehen. Er spricht vom „akustischen Leser", der nicht nur
ein phonetischer Leser ist, sondern gleichzeitig lautlos mit einer „inneren
Stimme" liest, die es ihm ermöglicht, die Worte im Kopf zu sehen und zu
hören, als würden sie laut gelesen. eine schlechte akustische Unterscheidungsfähigkeit behindert diesen Prozeß.

Häufige Hals-, Nasen- und Ohreninfektionen in der frühen Kindheit, die über einen längeren Zeitraum immer wieder zu Hörverlusten führen, können die Entwicklung der akustischen Unterscheidungsfähigkeit verhindern. Ein Mangel an akustischen Reizen kann genauso wie ständig vorhandene Hintergrundgeräusche in den ersten Lebensjahren eine frühe Abneigung gegen das Hören hervorrufen: Das Kind lernt, Geräusche und Töne vom frühen Alter an zu ignorieren und sich ihnen zu entziehen.

Wissenschaftler in New York arbeiten mit einer speziellen Apparatur (superconducting quantum interference device; SQID), mit der in den Magnetfeldern des Gehirns winzige Veränderungen beim Hören von Musik aufgespürt werden können. Sie haben zu einer erstaunlichen Entsprechung des Gehirns mit den weißen und schwarzen Tasten eines Klaviers gefunden.

„Das Gehirn ‚hört‘ laute Töne in einer völlig anderen
Region als leisere Töne, und die Regionen, in denen
Töne wahrgenommen werden, sind wie die Tasten ei-
nes Klaviers angeordnet." (Williamson, 1992)

Möglicherweise führt die Unfähigkeit, im für den Spracherwerb entscheidenden Alter spezifische Töne wahrzunehmen, dazu, daß ein Teil dieser Klaviatur oder Geräuschlandkarte ausgespart wird oder daß dieses System teilweise aufhört, zu reagieren.

„Zu viel" zu hören oder auditive Hypersensitivität kann ein genauso großes Problem darstellen wie ein Hörschaden. Die Unfähigkeit, unwesentliche Geräusche auszufiltern oder abzublocken, läßt auf schlecht entwickelte Hörfähigkeit schließen. Sie kann sich schwerwiegend auf das spätere Lernen sowie auf Sprache, Kommunikation und Verhalten auswirken. In den letzten zwanzig Jahren hat sich die Forschung verstärkt den Problemen des Horchens zugewandt – im Gegensatz zu den Hörproblemen. Die Pioniere dieses Ansatzes waren – ganz unabhängig voneinander – Alfred A. Tomatis in Frankreich und Christian Volf in Dänemark. Seitdem sind verschiedene Methoden entwickelt worden, um die Hörverarbeitungsfähigkeit von Patienten mit so unterschiedlichen Störungen wie Autismus, Hyperaktivität, Legasthenie, Depressionen und ungenügender Tonhöhendiskriminierung bei Musikern zu untersuchen und zu schulen.

Tomatis zeigt, daß Unterschiede in der Art bestehen, wie Geräusche zum sprachverarbeitenden Gehirnzentrum geleitet werden, und zwar abhängig davon, welches Ohr beim Hören bevorzugt wird. Das *rechte* Ohr ist das leistungsfähigere, wenn es um das Empfangen und Übermitteln von Sprachlauten geht; „linksohrige" Kinder sind hier möglicherweise benachteiligt.

Geräusche, die mit dem rechten Ohr gehört werden, wandern direkt in das
Hauptsprachzentrum in der linken Gehirnhälfte (siehe folgende Abbildung
links). Geräusche, die mit dem *linken* Ohr gehört werden, wandern zuerst in
das untergeordnete Sprachzentrum in der rechten Gehirnhälfte und müssen
dann durch das Corpus callosum zum Decodieren in die linke Gehirnhälfte
gelangen (siehe folgende Abbildung rechts). Es ergibt sich eine Verzögerung, die nur Millisekunden beträgt, ganz ähnlich wie die Verzögerung, die
man bei Telefongesprächen nach Übersee in der kurzen Spanne erlebt, in der
die Töne zuerst zum Satelliten und wieder zur Erde gelangen. Ein Kind, das
primär mit dem linken Ohr hört, kann Schwierigkeiten haben, einer Liste
von mündlichen Anweisungen zu folgen, da es noch mit dem Decodieren
der ersten beiden Anweisungen beschäftigt ist, während die dritte schon gegeben wird.

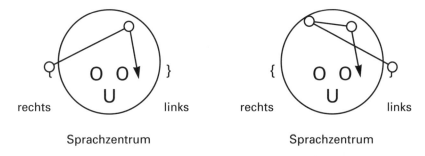

rechts   links   rechts   links

Sprachzentrum   Sprachzentrum

Liegt keine eindeutige Präferenz eines Ohres vor, kann dies die Situation
noch mehr verwirren; in diesem Fall erreichen die Laute das Gehirn in einer
Reihenfolge, die nicht der Reihenfolge entspricht, mit der sie als Wort pho-
netisch zusammengefügt sind. Ein Kind, das also die Präferenz der Ohren
wechselt, während es ein Wort hört oder ausspricht, erlebt vielleicht, daß die
Laute, die vom *linken* Ohr verarbeitet werden, einen Sekundenbruchteil
später ankommen als die Töne, die vom *rechten* Ohr verarbeitet werden,
wobei es keine Rolle spielt, ob sie in der richtigen Reihenfolge ankommen.
Wird zum Beispiel das Wort „phon/et/isch" gehört, wobei für die erste
Silbe das *linke* Ohr und für die beiden nächsten Silben das *rechte* Ohr verwendet wird, kann das Wort im Gehirn als „netischpho" oder sogar „nepho-
tisch" ankommen. Ungereimtheiten beim Buchstabieren, wobei auch Buch-
staben-, Silben- und Wortvertauschungen geschehen, sind das naheliegende
Ergebnis.
    Wenn das Kind in der Lage sein soll, Worte zu hören und sie dann so in
spezifische Töne zu unterteilen, daß es die Phoneme (kleinste Lauteinheiten)

und bedeutungstragenden Elemente auseinanderhält, muß es ein gut ausgebildetes Gehör im Bereich der Frequenzen von 125 bis 8000 Hz haben. Jede
Sprache verfügt über eine ihr eigene Frequenzbreite, die alle Tonhöhen umfaßt, die in dieser Sprache gesprochen werden.

Schlüsselstadien für das Lernen (man spricht hier gern von „Fenstern")
sind vielfach erforscht. Werden solche Schlüsselstadien nicht erreicht, reduziert sich die Möglichkeit, später eine entsprechende, spezifische Fertigkeit
zu entwickeln. Das „Fenster" für die Sprache „öffnet" sich in den ersten drei
Lebensjahren – genau in der Zeit, in der bei den Ohren Feineinstellungen
geschehen sollten: Das Kind lernt, unnötige Geräusche auszufiltern und
sich auf die Laute der Muttersprache einzustellen; es ist jetzt in der Lage,
jene Laute zu hören und selbst hervorzubringen, die für das Sprechen und
später auch für das Schreiben seiner eigenen Sprache notwendig sind.

*Als Maßeinheit für die Lautstärke von Tönen spricht man von Dezibel
(dB). 20 dB entsprechen ungefähr der Lautstärke eines leise geführten Tele-
fongesprächs.*

Als normal gilt eine Lautstärke von 20 Dezibel (dB). Die meisten Schul-
ärzte und Ohrenärzte, die Kinder auf Hörschwierigkeiten untersuchen,
würden eine Lautstärke von 40 dB (der Kinder in einem lauten Klassenzimmer ausgesetzt sind) als noch angemessen, aber nicht ideal einstufen. Die Fähigkeit, Laute im Bereich zwischen 20 und 40 dB zu hören, wäre also noch
kein Grund für eine Behandlung durch einen Spezialisten. Trotzdem kann
eine Hörfähigkeit, die in diesem Frequenzbereich liegt, sich schon grundlegend auf die Fähigkeit des Kindes auswirken, zwischen ähnlichen, aber unterschiedlichen Lauten wie „sch" und „ch", „f" und „w" u. a. zu unterscheiden (weitere Beispiele siehe weiter oben). Ein Gehör von 40 bis 60 dB wird
als leichte Schwerhörigkeit eingestuft, 60 dB und mehr gelten als schwerer
Gehörverlust.

Die deutsche Sprache erfordert jedoch die Unterscheidungsfähigkeit von
Lauten, die weit über 20 dB liegen, vor allem für die hohen Frequenzen, die
bei Lauten wie „f", „s", „sch", „ch", „z" (wird gesprochen als „ts", Anm. d.
Vlg.) usw. vorkommen. Vokale und Konsonanten kreuzen die Bandbreite
der Frequenzen, so daß kleine Abweichungen von der Sprachkurve zu spezifischen Sprech- und Schreibproblemen führen können.

Einige Kinder leiden an einer übermäßigen Hörschärfe; da dies jedoch in
herkömmlichen Hörtests nicht gemessen wird, werden diese Kinder auch
nach entsprechenden Tests nicht als Kinder mit einem bestimmten Hörproblem behandelt. Der Umstand, zu viel oder „zu gut" zu hören, kann zu
enormen Konzentrationsschwierigkeiten, Sprachstörungen und Problemen
im sozialen Zusammenleben führen. Tomatis hat beschrieben, auf welche

Weise hochfrequentige Laute „energetisieren", während Laute mit niedriger Frequenz beruhigend oder auch „entladend" wirken. Klinische Versuche mit hyperaktiven Kindern am *Institute for Neuro-Physiological Psychology* haben erwiesen, daß diese Kinder eine Hypersensitivität im Bereich der hohen Frequenzen besitzen; in manchen Fällen waren sie in der Lage, Töne zwischen 2000 und 6000 Hz bei einer Lautstärke von minus zehn dB und weniger wahrzunehmen. Ein Junge war sogar von seinen außersinnlichen Wahrnehmungen überzeugt, da er ein Auto schon einige Minuten vor allen Kameraden hören konnte, bevor es tatsächlich um die Ecke fuhr. Er war sehr aufgeregt, als man ihm erklärte, daß er deshalb über eine Superwahrnehmung (in *diesem* Sinne also „über"-sinnliche Wahrnehmung) verfüge, weil er ein so empfindliches Gehör habe.

Kjeld Johansen entwickelte am *Dyslexia Research Laboratory* (Forschungszentrum für Legasthenie) im dänischen Gudhjem ein System, mit dessen Hilfe Probleme bei der auditiven Diskriminierung und der Hörverarbeitung gemessen und behandelt werden können. In über zwanzig Jahren der Forschung (auf der Grundlage der Erkenntnisse von Christian Volf) wurde ein therapeutischer Ansatz entwickelt, der sich statistisch als wirkungsvoll erwiesen hat. Man führt audiometrische Tests durch, um die monaurale Hörschwelle zu messen und festzustellen, innerhalb welcher Frequenzbereiche scharf gehört wird. Ein dichotischer Hörtest gibt Aufschluß darüber, welches Ohr das primäre, also das beim Hörvorgang dominante ist. Die Testergebnisse sind Grundlage für die Kassette mit dem individuellen Hörprogramm, die das Kind zehn Minuten täglich hören soll: Es werden spezielle Kassetten entwickelt, auf denen alle Laute bis auf die Frequenzen, bei denen das Kind Hörschwierigkeiten hat, ausgefiltert werden. Indem das Kind die reinen Frequenzen ohne störende Außengeräusche hört, kann es nun jene Töne hören, die es früher nicht aus dem Klangteppich heraushören und unterscheiden konnte. Außerdem sind diese Kassetten so konzipiert, daß sie das rechtsdominante Hören fördern. In Intervallen von sechs bis acht Wochen werden die Kassetten ausgetauscht. Das Gehör der Kinder wird außerdem alle paar Monate überprüft, um sicherzustellen, daß Verbesserungen eingetreten sind. In dem Maße, wie sich die Hörfähigkeit des Kindes verbessert, verändert sich das Lesen und Schreiben, der Gebrauch der Sprache und das Verhalten.

Der Bedeutung der Musik beim Lernen ist seit langem anerkannt, aber aufgrund finanzieller Kürzungen und Veränderungen von Unterrichtsmethoden ist Rhythmus und Musik auf einen Platz in den hinteren Reihen der Früherziehung vieler Kinder abgerutscht. Es gab gewaltige Verbesserungen bei der Entwicklung elektronischer Musik. Kassetten, CD oder Synthesizer sind preiswerte und leicht verfügbare Möglichkeiten, Musik zu hören. Allerdings gehen bei diesen Methoden die wichtigen hohen Frequenzen verloren.

Live-Musik ist leider für viele Kinder selten zu erleben. Frühere Generationen von Kindern haben Einmaleins, Alphabet und lateinische Verben zu Musik gelernt. Das Verständnis für das Gelernte kam später, aber Melodie und Rhythmus erleichterten ihnen die Erinnerung. Viele Menschen können sich an die Worte beispielsweise eines Kirchenliedes erinnern, wenn jemand die ersten Noten der Melodie vorsingt – ohne die Musik fallen ihnen auch die Worte nicht ein. Ein Kantor einer englischen Kathedrale erzählte, daß innerhalb von sechs Monaten nach Choraufnahme das „Lesealter" seiner Chorknaben um zwölf Monate zunahm. Er schilderte dies als generell zutreffend, also unabhängig davon, ob die Jungen bei Eintritt in den Chor gute oder schlechte Leser gewesen waren. Man könnte sagen, dies sei ein direktes Ergebnis der Menge an geschriebenem Text, den sie zum Singen lesen mußten; ebenso könnte man sagen, daß die dualen Prozesse des Hörens, der Tonerzeugung und des Lernens von Tonhöhe und Rhythmus andere Fertigkeiten förderte. In Cambridge stellte Audrey Wisbey in Forschungen entsprechende Verbesserungen beim Lesen fest. Kathedralen und andere alte öffentliche Gebäude verfügen über eine Akustik, die einen großen Reichtum an hohen Frequenzen bietet, der in den Räumen unserer Zeit – mit niedrigen Decken, Teppichböden und Polstermöbeln – verlorengegangen ist.

„Geräusch ist nicht Geräusch", folgert Steinbach (1994). Geräusche sind Schwingung, Bewegung und Energie. Wenn wir keinerlei Geräusche hören, erwarten wir eine Gefahr, denn eine vollkommen stille Welt wirkt leblos und bedrohend.

Geräusche passieren alle Ebenen des Gehirns und wirken sich nicht nur auf das Ohr und das Gleichgewichtssystem aus; durch die Leitfähigkeit der Knochen haben sie Auswirkungen auf den gesamten Körper. Die Bedeutung von Klang für das Lernen ist unermeßlich.

Symptome auditiver Probleme

1. Kurze Aufmerksamkeitsspanne.
2. Ablenkbarkeit.
3. Hypersensitivität gegenüber Geräuschen.
4. Mißdeutung von Fragen.
5. Verwechslung ähnlich klingender Worte; Worte müssen häufig wiederholt werden.

6. Unfähigkeit, einer Abfolge von Anweisungen zu folgen.
7. Flache, monotone Stimme.
8. Stockende Sprache.
9. Geringer Wortschatz.
10. Mangelnde Satzstrukturen.
11. Unfähigkeit, beim Singen die Melodie zu halten.
12. Verwechseln oder Verdrehen von Buchstaben.
13. Schlechtes Leseverständnis.
14. Schlechtes Vorlesen.
15. Schlechtes Buchstabieren.
16. Hörverzögerung.

Das Sehen

Die visuelle Wahrnehmung ist eine grundlegende Voraussetzung für das schulische Lernen. Lesen, Schreiben, Buchstabieren und Mathematik – all diese Fertigkeiten beruhen auf der Fähigkeit, geschriebene Symbole sehen zu können. Tauchen Lernschwierigkeiten auf, so ist die Sehfähigkeit oft das erste Gebiet, das untersucht wird. Wenn das Kind einen einfachen Sehtest besteht, mit dem nur das Entfernungssehen getestet wird, findet die weitere Suche nach Sehproblemen häufig nicht mehr statt. Dabei ist das Entfernungssehen nur eine Komponente des komplexen Gesichtssinnes. Wie wir sehen, wie wir unsere Augen benutzen und auf welche Weise wir die Welt durch das Sehen wahrnehmen, ist das Ergebnis einer komplexen Reihe von Verbindungen und neuronalen Entwicklungen, die in den entscheidenden frühen Jahren stattgefunden haben sollten und die von einer angemessenen Reifung des Zentralen Nervensystems (ZNS) abhängig sind.

Die Fähigkeit zur okulomotorischen, visuell-perzeptorischen und visuell-motorischen Integration sind für das Lernen ebenso wichtig wie ein gutes Entfernungssehen.

Zuallererst müssen beide Augen als Team zusammenarbeiten, so daß zum Beispiel beide Augen auf denselben Fixpunkt auf einer Buch- oder Heftseite gerichtet sind, ganz ähnlich wie zwei Lichtspots, die einen Tänzer auf der Mitte der Bühne hervorheben.

Diese Zusammenarbeit wird Konvergenz genannt; die Konvergenz der Augen muß vollständig entwickelt werden, damit die Augen eine Buchstabenzeile verfolgen und ein klares, einzelnes Bild an das Gehirn weiterleiten

können. Die folgende Abbildung zeigt die Zeichnungen eines dreizehnjäh-
rigen Jungen, dessen Augen nie gelernt haben zu konvergieren, so daß er immer noch zwei verschiedene Abbildungen auf dem Papier sieht. Es über-
rascht nicht, daß er enorme Schwierigkeiten mit allem Geschriebenen hat.

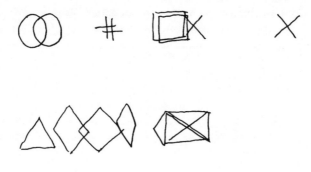

Eine zweite Notwendigkeit besteht darin, daß die Abbildung, die jedes
Auge sieht, scharf und klar fokussiert sein muß. Der Fokus muß schnell von
einer Entfernung oder einem Winkel auf einen anderen eingestellt werden
können. Diese Fähigkeit wird als Akkomodation bezeichnet. Schwierigkeiten mit der Akkomodation oder der Konvergenz können sich gegenseitig
bedingen.

Um mühelos lesen zu können, ist es notwendig, eine Schriftzeile flüssig
und gleichmäßig überfliegen zu können, damit der Informationsfluß zum
Gehirn schnell und in der richtigen Abfolge geschieht. Dieses Verfolgen der
Wörter und Zeilen ist unerläßlich, damit das Kind schlüssig von einem Wort
zum nächsten gelangen und die nächste Zeile finden kann, ohne die richtige
Stelle zu verlieren. Zusätzlich zu Konvergenz, Akkomodation und dem Folgen mit den Augen muß das Kind auch ein ausgeprägtes Bewußtsein für die
Richtung besitzen, um ähnliche, aber verschieden ausgerichtete Symbole
wie p/q, b/d, ein/nie, als/las auseinanderzuhalten (Duighan, 1994).

Das Richtungsbewußtsein ist eine vestibulär begründete Fähigkeit. Das
Gleichgewichtssystem funktioniert wie ein eingebauter Kompaß, der uns
ein Gefühl für unsere „Mitte" gibt, von der aus uns automatisch oben und
unten, links und rechts, Anfang und Ende bewußt wird. Die Entwicklung
der zerebralen Dominanz im Alter von sieben bis acht Jahren festigt dieses
Wissen. Funktioniert das Gleichgewichtssystem allerdings fehlerhaft, können noch nach dem Erreichen der zerebralen Dominanz Probleme mit der
Richtung auftreten. Ist dies bei einem Kind der Fall, kann es sein, daß es in
einer neuen Umgebung schnell die Orientierung verliert oder Schwierigkei-

ten hat, auf einer Uhr mit einem analogen Zifferblatt die Zeit abzulesen. Häufig haben betroffene Kinder auch ganz allgemein Schwierigkeiten damit, Abläufe zu organisieren.

Leseschwierigkeiten stellen nur die Spitze des Eisbergs dar, soweit sie mit Sehproblemen zusammenhängen. Die Handschrift, das Schreiben und Buchstabieren sind grundlegend betroffen, ebenso wie die Koordination, da solche Kinder über ein unzureichend entwickeltes räumliches und körperliches Bewußtsein sowie eine eingeschränkte Koordination der Hände und Augen verfügen. Viele Sportarten und Freizeitbeschäftigungen können sie nur mit größter Anstrengung ausüben, und ihre erreichten Leistungen stehen in keinem Verhältnis zu Energie und Enthusiasmus, die sie aufbringen. Das Ergebnis ist ein frustriertes Kind, das sich vielleicht schon bald von Aktivitäten fernhält, die anderen Kindern Spaß machen, und das auf diese Weise unbeabsichtigt sein eigenes Gefühl der Isolation verstärkt. Nach Trevor-Roper (1990) beeinflussen Sehschwierigkeiten in direkter Weise die Auswahl von Schulfächern und Hobbys sowie schließlich auch die Berufswahl des einzelnen Betroffenen.

Nach Trevor-Ropers Beobachtungen werden aus kurzsichtigen Kindern selten gute Sportler; statt dessen wählen sie eher künstlerische Freizeitbeschäftigungen oder entwickeln sich zu ausgesprochenen Leseratten: Aktivitäten, die ihrer Nahsichtigkeit unmittelbar entgegenkommen. Trevor-Roper sieht bei Entwicklungen in der impressionistischen Malerei einen Zusammenhang mit der gleichzeitig zu beobachtenden Verschlechterung der Sehkraft einiger impressionistischer Künstler im späteren Leben, in dem an die Stelle der Klarheit der Formen in der Malerei zunehmend die Darstellung des Zusammenspiels von Lichteffekten trat.

Kurzsichtigkeit bedeutet gute Nahsicht, jedoch schlechte Sehfähigkeit über eine Entfernung von 30–60 cm hinaus.

Da unzureichende visuelle Informationen das Erkennen und das Wiedererkennen von Buchstabengruppen – als Einheiten oder als Bild (optisch-räumliches Bewußtsein) – beeinträchtigen, wird auch das richtige Buchstabieren und damit das Schreiben betroffen sein. Optisches Vorstellungsvermögen, also das Visualisieren, ist eine notwendige Voraussetzung für das Buchstabieren, da es dem Kind ermöglicht, vor dem inneren Auge Abbilder oder ein optisches Gedächtnis für Wörter zu bilden. Diese werden dann mit dem geschriebenen Wort verglichen. So stellt das Kind fest, ob das Wort „richtig" aussieht. Das Kind mag sich fragen: Enthält das Wort einen Bestandteil, der nicht mit dem erinnerten Bild dieses Wortes übereinstimmt? Da unser Gehör mit den Jahren langsam nachläßt, benutzen wir unser akustisches Gedächtnis beim Sprechen und für die richtige Aussprache der

Wörter. Genauso brauchen wir ein visuelles Gedächtnis, um in der Lage zu sein, Wörter richtig zu schreiben und zu buchstabieren.

Die Auswirkungen abweichender Reflexaktivität auf die okulomotorischen Funktionen haben wir im ersten Kapitel dargestellt. Der Asymmetrische Tonische Nackenreflex wirkt sich negativ auf die Fertigkeit aus, einem Punkt mit den Augen zu folgen, der Tonische Labyrinthreflex beeinträchtigt die Konvergenz, der Moro-Reflex die Fähigkeit zu fixieren, während der Symmetrische Tonische Nackenreflex sich ungünstig auf die Anpassung binokularen (beidäugigen) Sehens von einer Entfernung auf die andere auswirkt.

Dysfunktionen in diesen Bereichen führen unausweichlich zu Problemen bei der visuellen Wahrnehmung. Es ist sehr wichtig zu untersuchen, *was* das Kind sieht, und außerdem herauszufinden, auf welche Weise seine Augen zusammenarbeiten. Im folgenden sind zwei Beispiele für schwere Störungen der visuellen Wahrnehmung abgebildet. Beide Kinder besuchten ganz normal die Schule und hatten damit zu kämpfen, im Unterricht mitzuhalten. Sie wurden gebeten, die Figuren aus dem *Tansley-Standard-Test* sowie die Figuren des *Benderschen Gestalttests* abzuzeichnen.

Obwohl bei den Voruntersuchungen Lese- und Schreibschwierigkeiten und Probleme beim Buchstabieren festgestellt worden waren, hatten bei diesen Kindern zuvor keine spezifischen Untersuchungen der visuellen Wahrnehmung und der visuell-motorischen Integrationsfähigkeiten stattgefunden. Sowohl Kind A als auch Kind B zeigten außerdem eine Anzahl von abweichenden frühkindlichen Reflexen.

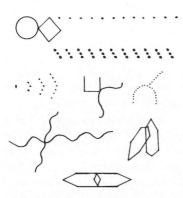

Der Bendersche Gestalttest

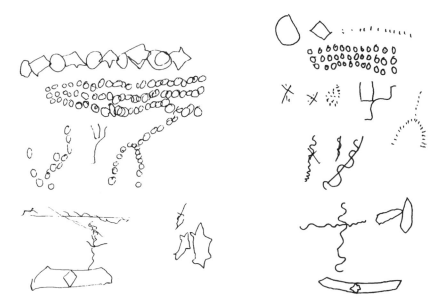

Kind A: Auf der linken Seite das Ergebnis des ersten Tests, rechts das Testergebnis nach fünf Monaten Therapie.

Das Auge ist ausschließlich ein optisches Instrument. Um von dem, was die Augen sehen, effektiven Gebrauch machen zu können, muß das Kind auch von allen anderen Sinnesinformationen Gebrauch machen. Die Grundlagen für dieses komplexe Zusammenspiel werden während des ersten Lebensjahres gelegt. Dies geschieht in der Phase, in der sich Nervenbahnen zwischen den Augen, dem Gehirn und dem Körper ausbilden. Vor allem das Sehen ist von einer dieser Nervenbahnen, dem vestibulär-okularen Reflexbogen, abhängig.

Das Zusammenspiel der einzelnen Komponenten dieses Bogens bestimmt die visuelle Leistungsfähigkeit im späteren Leben, so zum Beispiel den schnellen Informationsaustausch zwischen dem Gleichgewichtsapparat und den Augen einerseits und dem Grad der Reflexreaktionen auf eintreffende Reize andererseits. Jede Störung in einem dieser Elemente beeinträchtigt den reibungslosen Ablauf des Gesamtsystems.

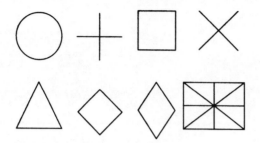

Der Tansley-Standard-Figurentest

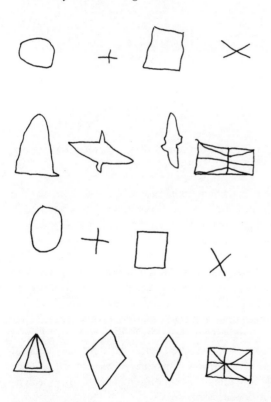

Kind B: Die oberen zwei Zeilen zeigen das Ergebnis des ersten Tests, die zwei Zeilen darunter das Ergebnis nach drei Monaten Therapie.

Symptome, die auf visuellen Streß hinweisen

1. Wörter werden falsch gelesen.
2. Wörter oder Zeilen werden ausgelassen oder wiederholt.
3. Langsames Lesen.
4. Ein Finger wird beim Lesen zur Hilfe genommen, um Textstellen zu markieren.
5. Unfähigkeit, das Gelesene zu erinnern.
6. Lesen oder Schreiben löst Müdigkeit aus.
7. Schlechte Konzentration.
8. Das Kind spricht von sich „bewegenden" oder „springenden" Buchstaben oder von Buchstaben, die schlecht zu lesen seien.
9. Das Kind liest mit sehr wenig Abstand zum Blatt.
10. Beim Lesen wird ein Auge abgedeckt oder der Kopf seitwärts gehalten.
11. Das Kind ist leicht abzulenken (stimulusgebunden).
12. Schlechte Haltung beim Lesen oder Schreiben.
13. Ungenügende räumliche Anordnung der Arbeiten.
14. Krakelige oder in verschiedene Richtungen geneigte Handschrift mit unausgewogenen Buchstaben.
15. Schwerfälligkeit.
16. Schwierigkeiten bei Ballspielen.

Die Tiefensensibilität

Der propriozeptive Sinn oder die Tiefensensibilität – steht in sehr enger Verbindung mit den übrigen Sinnen; zwischen ihnen besteht eine wechselseitige Abhängigkeit. Die Propriozeption ist das Ergebnis multisensorieller Information, stellt aber außerdem einen eigenen Informationskanal dar. Propriozeption oder Kinästhesie versetzt uns in die Lage, jederzeit zu wissen, in welcher Position sich jeder Teil unseres Körpers befindet, und die entsprechenden Anpassungen zu treffen. Dieser innere Sinn für unser körperliches Selbst erlaubt uns, genaueste Bewegungsabläufe so auszuführen, daß wir uns nicht ständig der ausführenden Körperteile bewußt sein müssen und unwichtige sensorische Signale ausschalten können.

Propriozeptoren befinden sich auf dem ganzen Körper – sie finden sich zum Beispiel in Gelenken, Sehnen, Muskeln. Die Informationszufuhr aus den Propriozeptoren wird vor allem im vestibulären System verarbeitet. Im Zusammenspiel mit Informationen aus allen übrigen Quellen haben sie auch

Einfluß auf Körperbewegungen und auf direkte Anpassungen durch die feinmotorische Koordination. Daraus folgt, daß verzerrte Informationen aus irgendeiner dieser Quellen sich auch auf die Propriozeption auswirken.

Die Begriffe *Propriozeption* und *Kinästhesie* werden oft synonym verwendet; allerdings versteht man unter *Propriozeption* alle Empfindungen, die mit der Körperposition – sowohl in Ruhestellung als auch in Bewegung – zusammenhängen, während *Kinästhesie* nur jene Empfindungen beschreibt, die entstehen, wenn aktive Muskelkontraktionen beteiligt sind. Kinder, die beim Stillsitzen zu wenig propriozeptive Informationen erhalten, müssen sich ständig bewegen, um über Muskelbewegungen genügend Informationen über sich selbst im Raum zu erhalten. In einem solchen Fall sollten auch die visuellen Fertigkeiten überprüft werden.

Bei Kindern mit Lernschwierigkeiten findet man häufig ein wenig ausgeprägtes propriozeptives Bewußtsein. Paradoxerweise gibt es unter ihnen eine kleine Gruppe, die sich zu sehr auf ihren propriozeptiven oder kinästhetischen Sinn verlassen, wenn sie bestimmte Aufgaben ausführen. Ein siebenjähriger Junge wurde gebeten, aus drei Metern Entfernung ein Bohnensäckchen in einen Sandkasten zu werfen. Bei den ersten vier Versuchen traf er das Ziel nicht, aber beim fünften Mal fiel das Säckchen in den Sandkasten. Jeder folgende Versuch war ebenfalls erfolgreich, bis der Sandkasten etwa dreißig Zentimeter näher gerückt wurde. Theoretisch hätte er den Kasten jetzt leichter treffen müssen, aber bei den ersten fünf Versuchen warf er jetzt das Säckchen über das Ziel hinaus. Thomas' Tiefensensibilität war schlecht entwickelt, er verließ sich bei der Lenkung seiner Wurfkraft auf propriozeptive Informationen. Sobald er einmal erfolgreich sein Ziel getroffen hatte, wußte er, wie sich der richtige Wurf „anfühlte"; dieses Gefühl wurde allerdings nutzlos für ihn, sobald das Ziel verschoben wurde.

Viele Kinder, bei denen die individuelle sensorische Wahrnehmung schlecht entwickelt ist, versuchen, statt dessen die Propriozeption als wichtigsten „Kanal" für das Lernen zu nutzen. Das ist ungefähr so, als würde man ein riesiges Netz benutzen, um einen einzelnen Fisch zu fangen. Konsequentes Lernen ist aber nur möglich, wenn Augen, Ohren und das Gleichgewichtssystem ebenfalls die richtigen Informationen über sich verändernde Umstände liefern. Ein Kind, das versucht, mittels Propriozeption die Schwäche eines anderen sensorischen Kanals auszugleichen, macht die Erfahrung, daß Übung nur manchmal den Meister macht. Es wird von Zeit zu Zeit hervorragende Ergebnisse erzielen, in seiner gesamten Leistungsfähigkeit aber unbeständig bleiben.

Ein Kind, das die Form eines Buchstabens oder einer Figur mit dem Finger nachzieht, kann diese nicht deutlich „sehen". Das Ergebnis können ge-

spaltene Fertigkeiten sein. Das Kind wird seinen Lehrern zeigen, einiges zu
können; diese werden jedoch nicht unbedingt erkennen, daß es eine Fertigkeit erworben hat, die ihm gerade bei anspruchsvollerem Lernen nichts nüt-
zen wird.

Symptome für schlecht entwickelte Propriozeption

1. Schlechte Haltung.
2. Ständiges Zappeln; Bewegung.
3. Übermäßiges Verlangen, gehalten zu werden.
4. Das Kind provoziert eventuell Raufereien, um sensorische Informationen zu erhalten.
5. Eventuell visuelle Probleme.

Das Schmecken und Riechen

Die Bedeutung des Geschmackssinnes und des Geruchssinnes für das Lernen ist in den frühesten Lebensjahren des Kindes vielleicht am größten. Das
ist die Zeit, in der der Mund seine primäre Informationsquelle, gleichzeitig
die wichtigste Quelle der Befriedigung und außerdem das wichtigste Mittel
des Ausdrucks und der Erforschung der Umwelt darstellt. Es „fragt" sich
zum Beispiel: Wie schmeckt etwas? Ist es weich? Kann ich es kauen? Wie
groß ist es? Alle frühen Entdeckungen geschehen mit dem Mund.

Ein großer Anteil des Geschmacksempfindens ist – wie wir alle nur zu
gut wissen – vom Geruchssinn abhängig. Wenn wir eine starke Erkältung
haben, empfinden wir nur die speziellen Geschmacksrichtungen, die direkt
auf der Zunge geschmeckt werden: salzig, bitter, süß und sauer. Der Geruchssinn ist möglicherweise der Sinn, der am stärksten Erinnerungen und
andere Empfindungen hervorrufen kann; er ist in der Lage, augenblicklich
Jahrzehnte zu überspringen und uns an bestimmte Orte, Personen oder Begebenheiten zu erinnern.

Im Gegensatz zu anderen sensorischen Informationen, die durch den
Thalamus geschickt werden, leiten die nasalen Nerven Impulse direkt an die
Riechkolben im Gehirn, die diese Impulse dann wiederum in jene Gehirnregionen verbreiten, in denen Erinnerungen gespeichert werden. Deshalb
erinnert uns ein bestimmtes Parfum an unsere Mutter und an die Zeit, in der
wir klein waren und Mutter sich zum Ausgehen angezog. Ein anderer Geruch ruft uns vielleicht die typischen Klänge und Gerüche eines Landes, das

wir besucht haben, in Erinnerung. Geruch kann augenblicklich aus vielen Sinnen zusammengesetzte Bilder heraufbeschwören. Er kann auch die Produktion von Hormonen, die an der Kontrolle des Appetits, der Temperatur und der Sexualität beteiligt sind, anregen – eben diese Gehirnregion, nämlich der Hypothalamus, wird vom Moro-Reflex beeinflußt.

Der Geruch in der Schule wird übrigens leicht mit Streß verbunden, Krankenhausgeruch mit Schmerzen.

Geschmack und Geruch vermitteln uns wichtige Informationen über eine sich ständig verändernde Umgebung. Welche Bedeutung sie für das Lernen haben, ist schwer festzumachen, aber da sie Erinnerungen an vergangene Erlebnisse hervorrufen, bereichern sie für Kinder das Verständnis dessen, was Lehrer versuchen, ihnen zu vermitteln.

Symptome für Probleme mit dem Geschmacks- und Geruchssinn

Überempfindlichkeit
1. Das Kind vermeidet es u. U., auf die Toilette zu gehen, weil ihm der Geruch von Desinfektionsmitteln zuwider ist – deshalb besteht die Gefahr, daß es in die Hose macht.
2. Das Kind geht anderen Kindern aus dem Weg, vor allem solchen, die in der Schule verschmutzte oder riechende Kleidung tragen.
3. U. U. verhält sich das Kind plötzlich auffällig, wenn der Fußboden gebohnert wurde.
4. Das Kind vermeidet eventuell gemeinsame Mahlzeiten mit vielen anderen oder ist heikel bei Speisen mit starkem Aroma.
5. Mag keine zu enge Nähe mit anderen Menschen.

Unterempfindlichkeit
Diese Kinder essen oft wahllos. Es besteht somit auch die Gefahr, daß sie zu Dingen greifen, auf denen vermerkt ist, daß sie „von Kindern ferngehalten werden" sollen.

Zusammenfassung

In einigen Fällen kann eine sensorische Unausgewogenheit zur Entfaltung ungewöhnlicher Talente genutzt werden: zum Beispiel eine vollendete Musikerin mit einem hochempfindlichen und hochausgebildeten Gehör in einem bestimmten Tonbereich; ein Maler, den eine leicht verzerrte visuelle Wahrnehmung in die Lage versetzt, ein wirklich einzigartiges Bild der Welt zu schaffen; ein Schriftsteller, der Gefühle, Erfahrungen und Vorstellungen so heraufbeschwören kann, daß daraus ein üppiges Gemälde von Charakteren und Geschehnissen entsteht; eine Schauspielerin, die sich im wahrsten Sinne des Wortes in die Persönlichkeit eines anderen hineinfühlen kann. Diesen Menschen ist es möglich, dieses Verständnis aufgrund ihres besonderen sensorischen Erlebens zu gewinnen; sie hatten dann zudem die Fähigkeit, ihr ungewöhnliches Können zu ihrem Vorteil zu nutzen. Einem Kind, das schon sehr früh die Erfahrung des Versagens macht, fehlt die Fähigkeit, die es ihm erlaubt, sein ganz besonderes Fenster zur Welt bestmöglich zu nutzen. Unsere sensorischen Rezeptoren bieten uns ein solches offenes Fenster, durch das wir die Welt, die uns umgibt, fühlen und wahrnehmen und durch das wir den Kontakt mit ihr halten.

Schon der Verlust oder die Vernachlässigung eines Sinnes hat grundlegende Auswirkungen auf das Individuum, ebenso wie jegliche Veränderung in der Informationsübermittlung durch eine der sensorischen Bahnen. Art und Weise, Intensität und Dauer der Empfindung sind ebenfalls von höchster Bedeutung, da der Grad der Reaktion, die folgt, direkt von der Art und dem Grad der sensorischen Informationszufuhr beeinflußt werden. Zu geringes Empfinden kann zu einem Ausbleiben der Reaktion führen, übermäßiges Empfinden dagegen kann Überreaktionen oder ein dramatisch gesteigertes Maß an Streß mit sich bringen, wenn der Betroffene versucht, seine Reaktion unter Kontrolle zu halten. Eine Verzerrung oder Trübung von Empfindungen kann verwirren oder zu unangemessenen Reaktionen führen.

Schließlich muß ein Gleichgewicht zwischen den verschiedenen sensorischen Kanälen bestehen, damit die sensorische Überkreuzleitung ermöglicht wird, durch die ein Mensch vielfache sensorische Informationen über seine Umgebung empfängt, an die er dann seine Reaktionen anpassen kann. Dieses bezeichnet man als sensorische Integration. Bei der Einstufung eines Kindes mit Lern-, Sprach- oder Verhaltensschwierigkeiten genügt es nicht, einfach ein Hörproblem, Leseschwierigkeiten, Koordinationsprobleme oder anderes zu diagnostizieren. Es ist notwendig, weiter nachzuforschen und Fragen zu stellen: *Was* hört das Kind? *Wie* sieht es? Unter *welchen spezifischen Umständen* ist sein Gleichgewicht gestört? Verfügt es über ein reifes Zusammenwirken von Bewegungen, wie sie für das Lesen, Schreiben und Sprechen notwendig sind? Wenn ein Kind nicht so sieht, hört oder sich bewegt, wie es eigentlich sollte, dann fehlen ihm genau die Grundlagen, die das Lernen erfordert.

Kapitel 5
Reflextests

Aufgeführte Tests

1. Moro-Reflex (Standardtest)
2. Moro-Reflex (Aufrechter Test; Clarke, Bennet und Rowston)
3. Palmar-Reflex
4. Asymmetrischer Tonischer Nackenreflex (Standardtest)
5. Asymmetrischer Tonischer Nackenreflex (Schilder-Test)
6. Suchreflex
7. Saugreflex
8. Spinaler Galantreflex
9. Tonischer Labyrinthreflex (Aufrechter Test)
10. Symmetrischer Tonischer Nackenreflex
11. Landau-Reflex
12. Amphibienreflex (Bauchlage / Rückenlage)
13. Segmentärer Rollreflex (Hüften / Schultern)
14. Augen-Kopfstellreflexe
15. Labyrinth-Kopfstellreflexe

Die folgenden Tests der oben behandelten Reflexe sollten nur zur Identifikation angewendet werden, da sie lediglich einen Teil des vollständigen diagnostischen Verfahrens zur Feststellung einer neurophysiologischen Entwicklungsverzögerung darstellen. Ein Programm zur Reflexhemmung sollte erst nach einer vollständigen diagnostischen Beurteilung des neurologischen Entwicklungsstandes und unter der Aufsicht einer qualifizierten Therapeutin oder eines qualifizierten Therapeuten begonnen werden (Hinweise und Adressen siehe Anhang).

Beurteilung

Zur Bewertung wird eine Skala von 0 bis 4 angelegt:

0   Keine Abweichung von der Norm, das heißt, es gibt keinen Hinweis auf das Vorhandensein eines frühkindlichen Reflexes; der Halte- und Stellreflex ist voll entwickelt.

1   Hinweis auf einen frühkindlichen Reflex (bis zu 25 %) bzw. partielle Abwesenheit eines Halte- und Stellreflexes (bis zu 25 %).

2   Rest eines frühkindlichen Reflexes (bis zu 50 %); unterentwickelter Halte- und Stellreflex (bis zu 50 %).

3   Nahezu vollständige Anwesenheit eines frühkindlichen Reflexes (bis 75 %); fast vollständige Abwesenheit eines Halte- und Stellreflexes (bis 75 %).

4   Fortbestehender frühkindlicher Reflex (zu 100 % anwesend); vollständiges Fehlen von Halte- und Stellreflexen.

1. Moro-Reflex
Standardtest für den vestibulär ausgelösten Moro-Reflex

Entstehung: In der 9.-32. Woche im Mutterleib.
Bei der Geburt: Vollständig vorhanden.
Hemmung: 2.-4. Lebensmonat.

Ausgangsposition für den Test

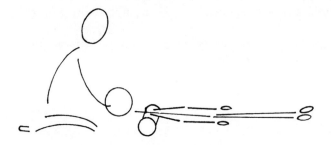

Auf dem Rücken liegend, die Arme sind leicht angewinkelt, und die Hände ruhen auf dem Boden. Unter die Schultern sollte ein kleines Kissen gelegt werden, der Kopf des Kindes wird vom Tester gestützt und etwa 5 cm über dem Niveau der Wirbelsäule gehalten.

Testverlauf

Nach kurzer Zeit sollte der Tester den Kopf des Kindes etwa 5 bis 8 cm fallenlassen (von seiner einen Hand in die andere) – eben unter das Niveau der Wirbelsäule. Der Kopf soll nicht den Boden berühren. Vor dem Fallen des Kopfes gibt der Tester folgende Anweisung: „Wenn du merkst, daß dein Kopf Richtung Boden fällt, mußt du die Hände so schnell wie du kannst über der Brust falten."

Beobachtungen

Jede Auswärtsbewegung der Arme, vom Körper weg. Unfähigkeit, die Arme über der Brust zusammenzuführen, oder verzögerte Reaktion. Desorientiertheit oder Streßreaktionen als Ergebnis des Testvorgangs.

Bewertung

0   Sofortiges Falten der Hände, keine gegensätzliche Reaktion.

1   Leicht verzögertes Falten der Hände.

2   Verzögerte Reaktion; unvollständige Bewegung der Hände und Arme oder Anhalten des Atems.

3   Keine Armbewegung, Veränderung der Atmung und sichtbare Abneigung gegen die Testprozedur.

4   Auswärtsbewegung der Arme, vom Körper weg, Streckung der Beine und / oder Streßreaktionen.

Außerdem sollte auf eine Rötung der Haut oder auffällige Blässe unmittelbar nach dem Testvorgang geachtet werden.

2. Moro-Reflex
Aufrechter Test (Clarke, Bennett und Rowston)
für den vestibulär ausgelösten Moro-Reflex (sollte nur von
erfahrenen Therapeuten durchgeführt werden)

Ausgangsposition für den Test

Die Testperson steht aufrecht, die Füße zusammen, die Arme sind gebeugt
und werden in einem 45 Gradwinkel vom Körper gehalten, die Hände werden locker hängengelassen.

Testverlauf

Der Tester steht hinter dem Kind und gibt ihm die Anweisung, den Kopf so
zurückzubeugen, als ob es zur Decke sehen wollte, und dabei die Augen zu
schließen. Achten Sie auf jede Bewegung der Arme und jeden Gleichgewichtsverlust, wenn das Kind den Kopf in den Nacken legt. Sobald die Testperson stabil in dieser Haltung steht, geben Sie ihm die Anweisung, ganz
still stehen zu bleiben und sich auf ein verabredetes Zeichen hin „wie ein
Baumstamm" nach hinten fallen zu lassen. Der Tester muß darauf vorberei-
tet sein, das ganze Gewicht der Testperson aufzufangen.

Beobachtungen

Abduktion (Öffnen) der Arme beim Fall nach hinten und / oder Einatmen oder Aufschrei, wenn die Testperson sein Gleichgewicht verliert. Deutliche Rötung oder Blässe der Haut, Zittern und „Rückzug" unmittelbar nach dem Testvorgang.

Bewertung

0 Die Testperson fällt ohne Veränderung der Position der Arme nach hinten.

1 Rötung der Haut oder leichte, aber sofort kontrollierte Auswärtsbewegung der Arme oder der Hände.

2 Unfähigkeit, nach hinten zu fallen, Auswärtsbewegung der Arme und Hände, Abneigung gegen die Testprozedur.

3 Bewegung der Arme, begleitet von einem momentanen Erstarren in dieser Haltung; die Testperson schnappt nach Luft; Rötung oder Blässe der Haut.

4 Vollständige Abduktion (Öffnung) der Arme und Hände nach außen, begleitet von Luftschnappen, Erstarren und möglicherweise auch einem Aufschrei. Sichtbare Abneigung oder Streßreaktion.

3. Palmar-Reflex

Entstehung: Nach 11 Wochen im Mutterleib.
Bei der Geburt: Vorhanden.
Hemmung: 2–3 Monate nach der Geburt.

Ausgangsposition für den Test

Stehend, die Füße zusammen, die Arme sind angewinkelt und die Handflächen nach oben gerichtet in einer gebeugten, entspannten Haltung, die Ellbogen leicht vom Körper entfernt.

Testverlauf

Streichen Sie mit einem weichen Pinsel sanft über die Falten der Handfläche. Zweimal wiederholen.

Beobachtungen

Jede Bewegung der Finger oder des Daumens einwärts in Richtung das Reizes oder extreme Empfindlichkeit im Bereich der Handinnenflächen.

Bewertung

0 Keine Reaktion.
1 Leichte Bewegung der Finger oder des Daumens einwärts.
2 Deutliche Bewegung des Daumens oder der Finger einwärts. Die Testperson empfindet die Berührung als kitzlig oder unangenehm.
3 Bewegung des Daumens und / oder der Finger nach innen, als ob das Kind nach der Reizquelle greifen will, Reiben der Hände direkt nach dem Test.
4 Daumen und Finger schließen sich als Reaktion auf den Reiz. Dies kann von einer gleichzeitigen Bewegung der Lippen begleitet sein.

4. Asymmetrischer Tonischer Nackenreflex
Standardtest

Dieser Test ist für die Untersuchung von Babys entwickelt worden; bei älteren Kindern mit entwickelter Muskulatur, die bereits Ausgleichs- und Kontrollmethoden entwickelt haben, kann der Test Reaktionen auslösen, sie können aber auch ausbleiben.

Entstehung: Mit 18 Wochen im Mutterleib.
Bei der Geburt: Vorhanden.
Hemmung: 4–6 Monate nach der Geburt.

Ausgangsposition für den Test

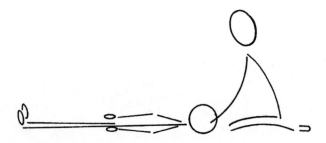

Auf dem Rücken liegend, die Arme leicht angewinkelt neben dem Körper, die Hände auf den Fingerspitzen ruhend.

Testverlauf

Stellen Sie sicher, daß der Kopf der Testperson ganz entspannt ist und auf der Mittellinie des Körpers liegt. Drehen Sie den Kopf langsam zu einer Seite. Halten Sie diese Position für 15 bis 20 Sekunden, und beobachten Sie die Reaktionen in Armen und Beinen. Bewegen Sie den Kopf zurück auf die Mittellinie. Verharren Sie einige Sekunden, und drehen Sie den Kopf dann zur anderen Seite. Halten Sie auch diese Position 15 bis 20 Sekunden lang. Wiederholen Sie diesen Vorgang drei- bis viermal.

Beobachtungen

Achten Sie auf jede Bewegung des Körpers auf der Seite, in die der Kopf gedreht wird, vor allem Hand-, Arm-, Fuß-, und Beinbewegungen auf dieser
Seite. Jede Tendenz zur Steigerung des Streckmuskeltonus auf der Seite, in
die der Kopf gedreht wird, deutet auf ein Vorhandensein des Asymmetrischen Tonischen Nackenreflexes hin. Die Unfähigkeit, die Nackenmuskeln
zu entspannen oder den Kopf über einen bestimmten Punkt hinaus zu drehen, können ebenfalls auf einen kontrollierten Asymmetrischen Tonischen
Nackenreflex hindeuten.

Bewertung

0   Keine Reaktion.
1   Leichtes Zittern in den Fingern.
2   Bewegung der Hand, des Armes oder Beines oder Veränderung des
    Muskeltonus im Rumpf.
3   Unwillkürliche Streckbewegung der Gliedmaßen auf der Seite, in die der
    Kopf gedreht wird, oder auch eine Beugung auf der gegenüberliegenden
    Seite.
4   Volles Ausstrecken des Arms / Beines auf der Seite, in die der Kopf ge-
    dreht wird, begleitet von einer Beugung der Gliedmaßen auf der Hinter-
    hauptseite.

5. Asymmetrischer Tonischer Nackenreflex
Schilder-Test

Ausgangsposition für den Test

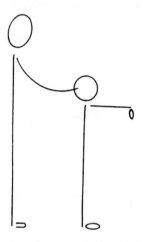

Stehend, die Füße zusammen, die Arme auf Schulterhöhe gerade nach vorn gestreckt, die Hände aus den Handgelenken heraus locker hängend. Die Augen sind geschlossen.

Testverlauf

Der Tester steht hinter dem Kind und gibt folgende Anweisung: „Wenn ich deinen Kopf drehe, möchte ich, daß du deine Arme ganz gerade nach vorn ausgestreckt läßt, genau wie du es jetzt tust. Das heißt, daß deine Arme in derselben Haltung bleiben und sich nur dein Kopf bewegt."

Nun sollte der Tester den Kopf des Kindes langsam zur Seite drehen bis sich das Kinn parallel zur Schulter befindet. Halten Sie diese Position zehn Sekunden lang, und bewegen Sie den Kopf des Kindes dann wieder zurück zur Mittellinie. Halten Sie auch diese Position zehn Sekunden lang. Drehen Sie dann den Kopf für zehn Sekunden zur anderen Seite. Diesen Vorgang wiederholen Sie bis zu viermal.

Beobachtungen

Jede Bewegung der Hand / des Arms auf der Seite, in die der Kopf gedreht wird. Folgen die Arme automatisch der Bewegung des Kopfes?

Bewertung

0   Keine Reaktion.

1   Leichte Bewegung der Arme in die Richtung, zu der das Gesicht zeigt.

2   Bewegung der Arme in Richtung der Kopfdrehung (bis 45 Grad).

3   Armbewegung bis 60 Grad.

4   90 Graddrehung der Arme und / oder Verlust der Balance als Folge der Kopfdrehung.

6. Suchreflex

Entstehung: Mit 24 – 28 Wochen im Mutterleib.
Bei der Geburt: Vorhanden.
Hemmung: 3 – 4 Monate nach der Geburt.

Ausgangsposition für den Test

Stehend. Füße zusammen.

Testverlauf

Streichen Sie mit einem weichen Pinsel sanft von der äußeren Nasenwurzel abwärts bis unter den Mundwinkel. Wiederholen Sie dies zwei- bis dreimal auf jeder Seite.

Beobachtungen

Achten Sie auf jede Bewegung und jedes Zucken des Mundes als Reaktion auf den Reiz oder auch ein Zurückziehen vom Stimulus. Achten Sie auch auf jede begleitende unwillkürliche Bewegung der Hände (eventueller Hinweis auf den Babkin-Reflex).

Bewertung

0   Keine Reaktion.
1   Leichtes Zucken des Mundes.
2   Deutliche Mundbewegungen und / oder Abneigung gegen die Empfindung.
3   Bewegung und Öffnen des Mundes und / oder Reiben des stimulierten Gesichtsbereiches.
4   Mundbewegung, so als ob das Kind lächeln wollte, Öffnen des Mundes mit einer Drehung des Kopfes in Richtung des Reizes.

7. Saugreflex

Wiederholen Sie den Vorgang des gerade beschriebenen Tests, allerdings wird jetzt die Stelle genau über der Mitte der Oberlippe mit einem Finger oder einem Pinsel leicht stimuliert.

Beobachtungen

Unwillkürliches „Kräuseln" der Lippen.

Bewertung

0   Keine Reaktion.
1   Starke Empfindung der stimulierten Gesichtsregion.
2   Leichte Bewegung der Lippen.
3   Kräuseln der Lippen.
4   Kräuseln der Lippen und Zungenbewegung.

8. Spinaler Galantreflex

Entstehung: Mit etwa 20 Wochen im Mutterleib.
Hemmung: 3–9 Monate nach der Geburt.

Ausgangsposition für den Test

Vierfüßlerstand („Tisch"-Position).

Testverlauf

Mit einem weichen Pinsel streichen Sie etwas 1,5 cm neben der Wirbelsäule von unterhalb der Schulterblätter bis zum Lendenwirbelbereich. Erst auf einer Seite, dann auf der anderen. Bis zu dreimal wiederholen. (Wiederholungen darüber hinaus können dazu führen, daß die Reaktion ausbleibt, auch wenn der Reflex vorhanden ist.)

Beobachtungen

Auswärtsbewegung der Hüfte als Reaktion auf die Stimulation.

Bewertung

0 Keine Reaktion.
1 Wellenförmige oder Auswärtsbewegung der Hüfte bis 15 Grad.
2 Wellenförmige oder Auswärtsbewegung der Hüfte bis 30 Grad.
3 Wellenförmige oder Auswärtsbewegung der Hüfte bis 45 Grad.
4 Auswärtsbewegung über 45 Grad hinaus, evtl. Verlust des Gleichgewichts.

Hypersensitivität – Kitzeligkeit – ist ebenso möglich.

9. Tonischer Labyrinthreflex

Aufrechter Test

Dieser Test ist nur ein Teil einer Testbatterie für den Tonischen Labyrinthreflex.

Entstehung: Bei der Geburt.
Hemmung: Mit 2–3 Monaten in Bauchlage, nach 2–4 Monaten in Rückenlage, wobei der Reflex in abgeschwächter Form noch bis zum 4. Lebensjahr vorhanden sein kann.

Ausgangsposition für den Test

Stehend, die Füße zusammen, die Arme gerade neben dem Körper herabhängend.

Testverlauf

Neigen Sie den Kopf des Kindes nach hinten in eine überstreckte Position, und bitten Sie es, die Augen zu schließen. (Sie stehen dabei hinter dem Kind, um es stützen zu können, falls es die Balance verliert.) Nach zehn Sekunden bitten Sie es, den Kopf langsam nach vorn zu bewegen, so als ob es auf seine Zehen blicken wollte. Auch diese Position soll es zehn Sekunden lang halten. Wiederholen Sie diese Übungsabfolge sechsmal.

Beobachtungen

Achten Sie auf jede Änderung und jeden Verlust des Gleichgewichts, ausgelöst durch die Kopfbewegung von oberhalb der Wirbelsäule nach unterhalb der Wirbelsäule. Beachten Sie auch jede kompensatorische Änderung des Muskeltonus in den Kniekehlen oder Greifbewegungen der Zehen als Folge der Kopfbewegung. Fragen Sie das Kind unmittelbar nach dem Test nach seinen Reaktionen, und vermerken Sie jede seiner Bemerkungen über Schwindel oder Übelkeit. Die beiden zuletzt genannten Reaktionen deuten auf fehlerhafte Funktionen des vestibulären Systems und / oder Präsenz des Tonischen Labyrinthreflexes.

Bewertung

0   Keine Reaktion.
1   Leichte Änderung der Balance als Folge der Kopfhaltung oder der Bewegung.
2   Störung der Balance während des Tests und / oder Veränderung des Muskeltonus in den Kniekehlen.
3   Annähernd Gleichgewichtsverlust, Änderung des Muskeltonus und / oder Desorientierung als Ergebnis des Tests.
4   Verlust des Gleichgewichts und / oder massive Änderung des Muskeltonus als Versuch, das Gleichgewicht aufrechtzuerhalten. Dies kann von Schwindel oder Übelkeit begleitet sein, bei Erwachsenen auch von Panikgefühlen.

10. Symmetrischer Tonischer Nackenreflex

Entstehung: Mit 6–8 Monaten.
Hemmung: Mit 9–11 Monaten.

Ausgangsposition für den Test

Vierfüßlerstand („Tisch"-Position).

Testverlauf

Die Testperson wird aufgefordert, die Testposition zu halten, dabei aber den Kopf zu senken, als ob es zwischen seinen Beinen durchsehen wollte. Diese Position soll bis zu fünf Sekunden lang gehalten werden, dann hebt die Testperson den Kopf, als ob sie zur Decke schauen wollte. Bis zu sechsmal wiederholen.

Beobachtungen

Jedes Beugen der Arme, ausgelöst durch das Beugen des Kopfes und / oder ein Anheben der Füße (obere Abbildung).

Strecken der Arme und Beugen der Knie, ausgelöst durch das Heben des Kopfes (untere Abbildung).

Bewertung

0   Keine Reaktion.

1   Zittern in einem oder in beiden Armen, oder leichte Bewegung der Hüfte.

2   Bewegung des Ellbogens auf jeweils einer Seite und / oder deutliche Bewegung der Hüften, oder Wölbung der Wirbelsäule.

3   Beugen der Arme als Reaktion auf das Beugen des Kopfes, oder eine Bewegung des Pos nach hinten als Reaktion auf das Heben des Kopfes.

4   Beugen der Arme bis zum Boden, oder Bewegung des Pos zurück auf die Knöchel; die Testperson nimmt die „Katzenposition" ein.

11. Landau-Reflex

Entstehung: Mit 2–4 Monaten.
Hemmung: Mit etwa 3 Jahren.

Ausgangsposition für den Test

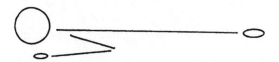

Bauchlage; die Unterarme sind im rechten Winkel auf Schulterhöhe abge-
winkelt.

Testverlauf

Die Testperson wird aufgefordert, den oberen Teil des Rumpfes sowie Arme
und Hände zu heben und die Füße auf dem Boden zu halten. Diese Position
soll fünf Sekunden lang gehalten werden. Bis zu zweimal wiederholen.

Beobachtungen

Unwillkürliches Anheben der Füße oder der Unterschenkel als Folge des
Anhebens des Oberkörpers.

Bewertung

0 Keine Reaktion.

1 Eine leichtes Tendenz des Anhebens eines oder beider Füße, was sofort korrigiert wird.

2 Eindeutiges Anheben eines oder beider Füße.

3 Deutliches Anheben beider Füße etwas weiter vom Boden.

4 Anheben beider Füße um mehrere Zentimeter; Streckspannung im ganzen Körper.

12. Amphibienreflex

Entstehung: Mit 4–6 Monaten nach der Geburt.
Dieser Reflex wird nicht gehemmt.

Ausgangsposition für den Test

Zuerst auf dem Rücken liegend, dann in der Bauchlage.

Testverlauf

Wichtig ist, daß die Testperson völlig entspannt ist.
    Der Tester plaziert seine Hände unter die Beckenseite der Testperson und hebt sie bis zu 45 Grad vom Boden ab.

Beobachtungen

Während die Hüfte angehoben wird, sollte das Knie sich auf dieser Seite beugen, und zwar in der Bauch- und in der Rückenlage.

Bewertung

0   Das Knie auf der Seite der angehobenen Hüfte beugt sich.
1   Keine sichtbare Beugung des Knies, das Bein bleibt jedoch entspannt.
2   Das Bein bleibt steif.
3   Das Bein ist so steif, daß es sich bei der Hüftbewegung leicht anhebt.
4   Der ganze Körper rollt starr zur Seite.

13. Segmentärer Rollreflex

Entstehung: Mit 6–10 Monaten nach der Geburt.
Dieser Reflex wird nicht gehemmt.

Ausgangsposition für den Test

Rückenlage.

Testverlauf 1

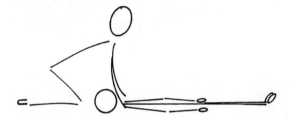

Heben Sie eine Schulter der Testperson sanft bis zu einem Winkel von etwa 45 Grad vom Boden ab, und drücken Sie gleichzeitig die andere Schulter leicht zu Boden. Drehen Sie die Schulter der Testperson zur entgegengesetzten Seite.

Beobachtungen

Während die Schulter angehoben wird, sollte das Knie auf der gleichen Seite beginnen, sich zu beugen.

Testverlauf 2

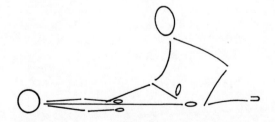

Darf nicht bei Personen mit Zerebralparese (Spastik) angewendet werden.

Stützen Sie die linke Ferse der Testperson mit der linken Hand ab. Üben Sie mit der rechten Hand leichten Druck auf das gebeugte linke Knie aus. Drehen Sie das Knie langsam über den Körper der Testperson, bis Sie Widerstand spüren oder das Knie den Boden berührt.

Wiederholen Sie den Vorgang auf der anderen Körperseite.

Beobachtungen

Die Schulter auf der Seite des gedrehten Knies sollte sich heben, sobald das Knie die Mittellinie überquert. Wenn das Knie den Boden berührt, sollten Schulter und Arm der Bewegung folgen und das Überrollen zur anderen Seite vervollständigen.

Bewertung

(getrennte Bewertung für die rechte und die linke Seite)

Verlauf 1 (Heben der Schulter)

0   Deutliches Beugen des Knies, wenn die Schulter auf derselben Seite angehoben wird.
1   Neigung des Knies, sich zu beugen (obwohl die Beugung nicht vollzogen wird), wenn die Schulter angehoben wird.
2   Das Bein bleibt still liegen, wenn die Schulter auf derselben Seite angehoben wird.
3   Der ganze Körper und das Bein auf der Seite der angehobenen Schulter heben sich mit.
4   Überhaupt keine Reaktion.

Verlauf 2 (Druck auf das gebeugte Knie)

0   Verzögertes Anheben der Schulter, gefolgt vom Überrollen des Armes und der Schulter infolge der Kniebewegung.
1   Unvollständige Schulterdrehung.
2   Die Schulter wird gehoben, dreht sich jedoch nicht zur anderen Seite.
3   Wenn des Knie die Mittellinie kreuzt, zeigt die Schulter eine leichte Neigung, sich zu heben, bzw. der ganze Körper, sich zu drehen.
4   Überhaupt keine Reaktion.

14. Augen-Kopfstellreflexe

Entstehung: Mit 2 – 3 Monaten nach der Geburt.
Dieser Reflex wird nicht gehemmt.

Ausgangsposition für den Test

Die Testperson sitzt auf dem Boden, die Beine sind gerade ausgestreckt, die
Arme ruhen auf den Oberschenkeln.

Testverlauf

1. Die Testperson fixiert mit den Augen ein Objekt, das sich in Augenhöhe
    geradeaus vor ihr befindet.
2. Der Tester sitzt hinter der Testperson und neigt sie langsam und in drei
    Stufen nach links. In jeder Stufe wird die Position 2–3 Sekunden lang ge-
    halten. Die Pausen werden bei Neigungen von 15 Grad, 30 Grad und
    45 Grad eingelegt. *Achten Sie in jedem Neigungswinkel auf die Haltung
    des Kopfes der Testperson.*
3. Kehren Sie zur aufrecht sitzenden Position zurück. Auch dies geschieht
    in drei Stufen.
4. Wiederholen Sie den Vorgang zur rechten Seite, kehren Sie dann zur
    Mittellinie zurück, und wiederholen Sie die Prozedur anschließend auf
    die gleiche Weise nach hinten und nach vorn. Stellen Sie dabei sicher, daß
    die Testperson das Objekt in Augenhöhe durchgehend fixiert.

Beobachtungen

Jedesmal, wenn die Position des Körpers in die vier verschiedenen Richtungen geändert wird, sollte sich die Kopfhaltung automatisch an die Vertikale anpassen, der Kopf sollte sich sofort aufrichten. Jedes Wegsacken des Kopfes, jede Überkompensation in die entgegengesetzte Richtung, wenn der Körper zurück zur Ausgangsposition gebracht wird, deutet auf nicht vorhandene oder unvollständig entwickelte Augen-Kopfstellreflexe hin. Achten Sie auch auf jede Streckbewegung des Beines auf der Seite, zu der die Testperson geneigt wird – dies könnte ein Zeichen für einen beibehaltenen Asymmetrischen Tonischen Nackenreflex sein.

Bewertung

0 Aufrichten des Kopfes in die Vertikale während des gesamten Testvorgangs.
1 Leichte Abweichung des Kopfes von der Vertikalen.
2 Der Kopf folgt der Neigungsrichtung in einer Linie mit dem Körper.
3 Der Kopf neigt sich unterhalb die Linie des geneigten Körpers.
4 Der Kopf sackt in die Richtung, in die der Körper geneigt wird.

Das Fehlen der Kopfstellreflexe vorwärts und rückwärts deutet auf einen zugrundeliegenden Tonischen Labyrinthreflex hin.

15. Labyrinth-Kopfstellreflexe

Entstehung: Mit 2 – 3 Monaten nach der Geburt.
Dieser Reflex wird nicht gehemmt.

Ausgangsposition für den Test

Ausgangsposition wie für die Augen-Kopfstellreflexe, allerdings wird die Testperson jetzt gebeten, einen Gegenstand in Augenhöhe zu fixieren und dann die Augen zu schließen und sich während des gesamten Testablaufs vorzustellen, den Gegenstand anzusehen.

Testverlauf

1. Weisen Sie die Testperson an, den Blick auf einen Gegenstand in Augenhöhe zu fixieren und dann die Augen zu schließen und das Bild des Gegenstands während des gesamten Tests vor dem „inneren Auge" zu behalten.
2. Folgen Sie der Testprozedur für die Augen-Kopfstellreflexe.

Beobachtungen

Achten Sie auf die Haltung des Kopfes in allen vier Quadranten und auch darauf, wohin die geschlossenen Augen der Testperson gerichtet zu sein scheinen. (Viele Kinder können Schwächen ausgleichen, wenn ihre Augen geöffnet sind, verlieren jedoch schnell jede Orientierung darüber, wo sie sich im Raum befinden, sobald ihre Augen geschlossen sind.)

Bewertung

0 Aufrichten des Kopfes in die Vertikale während des gesamten Testvorgangs.
1 Leichte Abweichung des Kopfes von der Vertikalen.
2 Der Kopf folgt der Neigungsrichtung in einer Linie mit dem Körper.
3 Der Kopf neigt sich unterhalb die Linie des geneigten Körpers.
4 Der Kopf sackt in die Richtung, in die der Körper geneigt wird.

Achten Sie auch auf jede Überkompensation des Kopfes – diese ist *kein* automatisches Aufrichten.

Kapitel 6

Fördermaßnahmen, die Lehrern und Lehrerinnen zur Verfügung stehen

1. Stufe: Professionelle Hilfe ist notwendig (Hirnstammebene, Kleinhirn)

Die diagnostische Beurteilung der Reflexstruktur kann genutzt werden, um festzustellen, auf welcher Ebene der kindlichen Entwicklung die Förderung wirken soll. Eine Behandlung ist nicht nur von der Schwere des Problems abhängig, sondern auch von den vorhandenen schulischen Gegebenheiten: Wie sind die materiellen Voraussetzungen? Sind spezielle pädagogische Experten und Hilfsprogramme verfügbar?

Wenn die Tests zeigen, daß eine ganze Gruppe frühkindlicher Reflexe beibehalten wurde – wenn zum Beispiel mehr als zwei frühkindliche Reflexe zu fünfzig Prozent oder darüber hinaus vorhanden sind – sollte eine gründlichere Reflexanalyse durchgeführt werden und ein spezielles Programm zur Reflexhemmung durch einen qualifizierten Therapeuten folgen.

Ein Programm zur Reflexhemmung ist genau auf das individuelle Reflexprofil des einzelnen Kindes zugeschnitten. Der Fortschritt wird in regelmäßigen Abständen überprüft und das Programm entsprechend angeglichen. Die Techniken zur Reflexhemmung basieren auf der Theorie der Replikation (Wiederholbarkeit): Es ist beispielsweise möglich, spezielle Stadien der frühen Entwicklung durch die Wiederholung von Bewegungsmustern, die ihre Grundlage in der frühkindlichen Entwicklung haben, noch einmal nachzuvollziehen. Das Gehirn bekommt so eine „zweite Chance", Entwicklungsstufen zu durchlaufen, die im ersten Lebensjahr ausgelassen oder nicht vollständig durchlaufen wurden, um neurale Verbindungen zu etablieren und die „neurale Uhr" richtig zu stellen.

Die Übungsbewegungen zur Reflexhemmung basieren auf sehr frühen, frühkindlichen Bewegungen, die ältere Kinder normalerweise nicht vollziehen. *Manche Kinder machen über eine kurze Zeit Entwicklungsrückschritte – auch in ihrer emotionalen Entwicklung – während sie ein solches Programm absolvieren.* Daher sollte ein Bewegungsübungsprogramm zur Reflexhemmung nur unter sorgfältiger und qualifizierter Aufsicht erfolgen.

Verglichen mit ganz allgemeinen Übungen verhält sich ein speziell zuge-
schnittenes Programm zur Reflexhemmung wie ein speziell verschriebenes
Medikament aus der Apotheke im Vergleich zu Mitteln, die in jedem Laden
erhältlich sind.

2. Stufe: Förderung kann in der Schule oder zu Hause erfolgen (Hirnstamm, Mittelhirn, Kleinhirn)

Wenn ein Kind unterentwickelte Halte- und Stellreflexe hat, frühkindliche
Reflexe jedoch nicht nachgewiesen werden können, dann wird dieses Kind
gut auf ein Bewegungstraining ansprechen, das die Halte- und Stellreflexe
anregt sowie Gleichgewicht und Koordination fördert.

Beschäftigungstherapeuten oder Therapeuten, die nach der Methode der
„sensorischen Integration" behandeln, arbeiten normalerweise jeweils mit
einem einzelnen Kind. Genausogut können aber auch allgemeine Übungen
in spezielle Gymnastikkurse integriert werden, oder Eltern können mit ihren Kindern zu Hause tägliche Übungen durchführen.

Sensorische Integration basiert auf einem therapeutischen System, das
von A. Jean Ayres entwickelt wurde, wobei Techniken der sensorischen Zufuhr mit Bewegungen verbunden werden, mit dem Ziel, die Klarheit der
durch jeden einzelnen Sinneskanal eintreffenden Informationen zu steigern.
Die Methode strebt die wirkungsvolle Weiterleitung von Informationen
zum Zentralen Nervensystem (ZNS) und die Entwicklung reiferer Reaktionsmuster an.

Es gibt sehr gute motorische Trainingsprogramme, die innerhalb der
Schule angewendet werden können, zum Beispiel die nach Kephart, Cratty,
Dennison, Lefroy.

In der schulischen Umgebung können sowohl Sport- als auch die Musiklehrer und -lehrerinnen solchen Kindern, die „Grenzfälle" der oben be-
schriebenen Symptome darstellen, unschätzbare Hilfe zukommen lassen.
Der Sportunterricht bietet Gelegenheiten, motorische Fertigkeiten und das
Gleichgewicht zu fördern. Musikunterricht schärft das auditive Unterschei-
dungsvermögen und steigert stimmliche und rhythmische Fertigkeiten. Der
Umgang mit Tönen und Geräuschen eröffnet jenen Kindern, die auf die
herkömmlichen Unterrichtsmethoden nicht ansprechen, einen alternativen
Weg, das Gedächtnis zu schulen und logische Abfolgen zu erkennen. Ein
Kind muß kein potentielles musikalisches Genie sein, um sowohl von einfa-
chen als auch anspruchsvolleren Hör- und Stimmübungen zu profitieren
(empfohlene Übungen siehe im Anhang, Tabelle III). Sind die Regeln und
Mechanismen der normalen Entwicklung einmal verstanden, kann auch ein

geeignetes Programm zur motorischen und sensorischen Stimulation zusammengestellt werden. Als allgemeine Richtlinie gilt, daß sich die normale Entwicklung nach einer festen Abfolge vollzieht – vestibulär, taktil, auditiv, visuell, propriozeptiv. Ein System baut auf die vorhergehenden auf, und alle bilden gemeinsam eine Einheit. Jedes einzelne System ist auf unmittelbares Feedback angewiesen. Sowohl Mängel als auch Überempfindlichkeiten in einem sensorischen Kanal beeinflussen das Funktionieren der anderen Sinne. Die Entwicklung folgt außerdem einem zephalo-kaudalen (vom Kopf zu den Zehen) und einem proximo-distalen (von der Mitte nach auswärts) Weg. Bei jedem Versuch einer körperlichen Förderung sollte dieses beachtet werden.

Sensorische Probleme: Auditiv

Kinder, die Probleme mit der auditiven Verarbeitung von Reizen haben, sprechen oft erfolgreich auf eine Klangtherapie an. Mittlerweile steht eine immer größer werdende Anzahl von Methoden zur Verfügung, die allesamt auf einem gemeinsamen Prinzip beruhen: Sprachliche Fertigkeiten – Sprache, Schreiben, Buchstabieren und musikalischer Ausdruck – können sich nur dann entwickeln, wenn das Kind gelernt hat „zuzuhören" und zu lauschen.

Kortex, Corpus callosum, Mittelhirn, Hirnstamm

Fortgeschrittenes Hören beinhaltet sowohl den Ausschluß irrelevanter Laute als auch die Fähigkeit, sich auf ein bestimmtes Geräusch oder einen bestimmten Ton zu konzentrieren. In dieser Hinsicht gleicht das effektive Gehör dem guten Sehen.

Die folgende Liste soll als erster Leitfaden dienen, der es erleichtert, die passende Methode für das einzelne Kind herauszufinden:
- Legasthenie, Lese-, Rechtschreib- und Artikulationsprobleme: das Hörverarbeitungstraining nach Dr. Kjeld Johansen.
- Autismus, Aphasie, Sprach- und allgemeine Lernschwierigkeiten: das integrative Hörtraining nach Dr. Guy Berard.
- Hör-, Sprach- und allgemeine Lernschwierigkeiten; Verfeinerung musikalischer Fertigkeiten; unerklärliche Ängstlichkeit: die Tomatis-Methode (verschiedene Zentren), Samonas-Zentrum (Dr. I. Steinbach).

(Die Johansen- und die Steinbach-Methode können in der Schule oder zu Hause angewendet werden.)

Hauptsächlich kortikal bedingte Schwierigkeiten (auch Mittelhirn und Hirnstamm sind beteiligt)

Musiklehrer sind die Verbündeten, wenn es um das Überwinden von Hörproblemen geht. Ein Kind mit einer schlechten Hörverarbeitung hat vielleicht eine monotone Stimme, seine Sprache ist ohne Höhen und Tiefen und ohne Melodie, und es hat einen wenig entwickelten Sinn für Tonhöhe und Rhythmus (dies ist ein vestibuläres Problem).

Bieten Sie einfache Übungen an, die das genaue Hinhören, die sensible Lauschfähigkeit fördern. Spielen Sie dem Kind zwei Töne vor, und üben Sie mit ihm, den höheren Ton herauszuhören. Üben Sie auch, wie es den Unterschied – das Intervall – zwischen beiden Tönen heraushören kann. Bilden die beiden Töne eine Harmonie oder eine Disharmonie, wenn sie zusammen gespielt werden? Wie unterscheiden sich die Intervalle von Tönen, die gut zusammenklingen, von solchen, die keine Harmonie bilden? Selbst wenn das Kind beim Singen die Melodie nicht halten kann: Ermutigen Sie es, jede Note zu singen und auf eine Kassette aufzunehmen. Nach dem Anhören der Kassette kann es dann seinen Gesang aufgrund der eigenen Stimme auf dem Band anpassen. Ermutigen Sie es, einfache Reime und Wortfolgen – zum Beispiel die Wochentage, Monate, das Einmaleins, das Alphabet usw. – zu einer Melodie zu singen.

Mittlerweile steht ein komplettes, allgemein anwendbares Lehrsystem zur Verfügung, das auf dem Konzept der „Eigenstimme" beruht. Der Name dieses Systems, ARROW, steht für **A**ural-**R**eading-**R**espond-**O**ral-**W**ritten: Das Kind liest einen Textabschnitt, während ein spezieller Kassettenrecorder das Gelesene aufnimmt. Zuerst hört das Kind auf den Klang seiner eigenen Stimme, dann wird das Band zurückgespult und die eigene Stimme diktiert nun den gelesenen Text, während das Kind schreibt. Nach wenigen Wochen Training können ganz enorme Fortschritte im Lese- und Schreibalter festgestellt werden.

Für viele Kinder kann eine Melodie eine Art Zugangscode für ein Gedächtnis-Ordnungssystem sein und so als alternative Methode des Zugangs zu Informationen dienen. Dies sind nur einige wenige einleitende Anregungen, auf die andere, komplexere Übungen aufgebaut werden könnten.

Sensorische Probleme: Visuell

Kortikal

Wenn okulo-motorische oder visuelle Wahrnehmungsprobleme festgestellt werden, die *nicht* in Beziehung zu abweichenden Reflexen stehen, sollte eine Sehschule aufgesucht werden. Dort werden Übungen vermittelt, an denen übrigens auch eine ganze Klasse teilnehmen kann (siehe auch Anhang, Tabelle III).

Sensorische Probleme: Kinästhetisch

Der Sportlehrer sollte informiert werden, wenn die Entwicklung des Kindes auf diesem Gebiet ein Defizit erkennen läßt. In Tabelle III (Anhang; siehe dort) sind spezielle Arten der Bewegung bestimmten Reflexen zugeordnet. Diese Bewegungen lassen sich in ein Bewegungsprogramm für die ganze Klasse einbauen, das mehrere Monate lang regelmäßig durchgeführt wird. Ebenso können Kinder es auch täglich zu Hause üben. Im Gegensatz zu den meisten Übungen des Sportunterrichts, die auf den Muskelaufbau und die Förderung der Fitneß abzielen, sollten diese Übungen langsam und bewußt durchgeführt werden – so entsteht genügend Zeit für das nötige Feedback zwischen den afferenten und den efferenten Systemen (siehe Glossar).

Allgemeines Problembewußtsein

Zwar sind Klassenlehrer und -lehrerinnen im allgemeinen zu beschäftigt mit dem täglichen Unterrichtsstoff; es gibt jedoch einige Methoden, die es leichter machen, mit den vielen unterschiedlichen Leistungsebenen zurechtzukommen, auf die der Unterricht abgestimmt werden muß. Tabelle III (Anhang; siehe dort) zeigt Vorschläge, die für alle Lehrer von Nutzen sein können. Auch die folgenden, von Jane Field (1992) ausgearbeiteten Strategien können dazu beitragen, daß Kinder, die Verzögerungen in ihrer neurophysiologischen Entwicklung zeigen, im Unterricht zurechtkommen.

1. Moro-Reflex

Eine ganz wichtige Anpassung an die Bedürfnisse von Kindern mit einem fortbestehenden Moro-Reflex ist die Schaffung einer Atmosphäre im Klassenzimmer, die von diesen Kindern nicht als bedrohlich (im Hinblick auf die besondere Befindlichkeit) empfunden wird. Diese Anpassung kann von Lehrern und Lehrerinnen leicht bewirkt werden. Zum Beispiel ist es möglich, für einen möglichst niedrigen Geräuschpegel zu sorgen, sowohl den eigenen als auch den der Kinder. Die Bewegungshäufigkeit sollte so weit wie möglich reduziert werden – so können die Augen der Kinder sich besser auf das konzentrieren und beschränken, was für sie im Augenblick von unmittelbarer Bedeutung ist. Durch eine sorgfältig geplante Sitzordnung können betroffene Kinder an einem Platz im Klassenzimmer sitzen, wo der allgemeine Trubel im Raum außerhalb ihres Gesichtsfeldes liegt.

Kein Kind mag es, ausgeschlossen – anders – zu sein, es sei denn, dieses Anderssein steigert den Status innerhalb ihres Freundeskreises. Ein Kind mit einem Moro-Reflex wird immer das Gefühl haben, im Widerstreit mit anderen zu stehen, und es wird Schwierigkeiten haben, sich in eine Gruppe einzufügen. Das führt meistens dazu, daß seine Selbsteinschätzung niedrig oder bestenfalls labil ist. Lehrer, die solch ein Persönlichkeitsmerkmal bemerken und die zugrundeliegenden Ursachen kennen und verstehen, können sehr viel dazu beitragen, das Selbstvertrauen dieses Kindes aufzubauen, ohne daß es das Gefühl hat, „auffällig" zu sein.

2. Tonischer Labyrinthreflex

Ein Kind mit einem zurückbehaltenen Tonischen Labyrinthreflex zeigt Probleme mit der räumlichen Orientierung und in seiner allgemeinen Organisiertheit. Es kommt also am besten zurecht, wenn es gut geordnete, präzise Informationen erhält. Es wird vielleicht Schwierigkeiten haben, abstrakte Vorstellungen zu entwickeln, und braucht ganz konkrete Objekte, um Probleme verstehen und lösen zu können, die andere Kinder durch abstraktes Denken lösen. Richtungs- und okulo-motorische Probleme können zur Folge haben, daß das Kind ganz besondere Schwierigkeiten mit der Mathematik hat, da die Ausrichtung von Ziffern genauso wichtig für das Finden der richtigen Lösung wie auch für das Verstehen des Prinzips von Hundertern, Zehnern und Einern ist. Hier können einfache Maßnahmen, wie kariertes Schreibpapier und senkrechte Linien in Tabellenform helfen, Verwirrung zu verhindern. Ein Lineal oder ein zu Hilfe genommener Finger können als Unterstützung beim Lesen dienen und Fehler durch Schwierigkeiten beim Verfolgen der Zeile vermeiden helfen. Kinder, die optisch stimulusgebunden sind, können ihre Probleme verringern, indem sie beim Lesen ein sogenanntes Lesefenster (Pappstreifen mit „Fenster") benutzen. So kann das Kind sich auf das momentan Wesentliche einer Seite konzentrieren und wird nicht von den restlichen Informationen auf der Seite abgelenkt.

3. Asymmetrischer Tonischer Nackenreflex

Ein Kind, bei dem der Asymmetrische Tonische Nackenreflex noch aktiv ist, braucht zusätzlichen Platz für den Schreibprozeß, um mit den Auswirkungen des Reflexes zurechtzukommen. Diese Kinder drehen das Schreibheft oft bis zu 90Grad, denn jedesmal, wenn sie den Kopf beim Schreiben zur Seite drehen, will der Arm sich strecken. Oft schieben sie das Heft auch ganz nach hinten an den Rand des Tisches. Wenn ein rechts- und ein linkshändiges Kind nebeneinander gesetzt werden, führt dies zu enormen Problemen, wenn eines der Kinder über einen Asymmetrischen Tonischen Nackenreflex verfügt. Ist zusätzlich auch der Moro-Reflex aktiv, kann die Ablenkung beim Gruppenunterricht es diesem Kind unmöglich machen, sich zu konzentrieren. Einfache Veränderungen, wie eine neue Anordnung der Tische für einige Kinder oder die frontale Anordnung der Tische zur Tafel hin, helfen, die Ablenkung auf ein Minimum zu reduzieren und jedem einzelnen Kind so viel Platz zu geben, wie es braucht. Schwierigkeiten mit dem körperlichen Akt des Schreibens hindern das Kind daran, sich schriftlich auszudrücken und Ideen und Gedanken zu äußern, auch wenn ihm dies mündlich leichtfällt. Durch Diskussionsphasen im Unterricht können seine Ideen und Gedankengänge Form annehmen. Die Ergebnisse der Diskussion können dann zusammengefaßt werden: in Schlüsselwörtern, Kernsätzen, einem kurzen Aufsatz, aber auch in einem Gedicht oder einer Geschichte, die die Kinder aufschreiben. Ebenso kann das Kind besonders wichtige Punkte in einem Abschnitt unterstreichen, mit dem das Textverständnis geprüft werden soll. Auf diese Art hat das Kind die Punkte, um die es in der Diskussion geht, unmittelbar parat.

Schreibmaschinen oder Computer können eine Hilfe bei der Rechtschreibung und Grammatik sowie beim Verständnis von Texten sein, da das Kind durch sie von den körperlichen Einschränkungen des Asymmetrischen Tonischen Nackenreflexes befreit wird. Mit diesen Hilfsmitteln kann es seine Intelligenz wirkungsvoller einsetzen. Viele Textverarbeitungssysteme verfügen über eine Rechtschreibprüfung, die während des Schreibens mitlaufen kann – auf diese Weise wird das richtige Schreiben gefestigt und

dadurch das visuelle Gedächtnis für schwierige Wörter entwickelt. Wenn
eine Verbesserung der Handschrift unbedingt erforderlich ist, sollte es dem
Kind ermöglicht werden, seine Hausaufgaben mit dem Computer zu erledi-
gen und anschließend die richtige Version mit der Hand ins Hausaufgaben-
heft zu übertragen. Ganz einfache Hilfen, wie zum Beispiel ein Stift, mit
dem beim Lesen die Zeilen nachgefahren werden, verhindern, daß es immer
wieder die Textstelle verliert, wenn ihm das Verfolgen mit den Augen nur
schwer möglich ist.

4. Symmetrischer Tonischer Nackenreflex

Bei diesen Kindern wird die Haltung durch jede Vor- und Rückwärtsbewegung des Kopfes beeinflußt. Das hat besonders schwerwiegende Folgen,
wenn das Kind am Schreibtisch sitzt: Das Vorbeugen des Kopfes beim
Schreiben oder Lesen hat die Beugung der Arme zur Folge; gleichzeitig
sackt der Kopf immer tiefer auf die Arbeitsfläche. Die Auswirkungen können sehr verringert werden, indem man den Neigungswinkel des Tisches so
verändert, daß der Kopf in einer aufrechteren Position bleiben kann. Die alt-
modischen Schreibpulte mit schräger Platte waren hierfür ideal; ein keilför-
miger Aufsatz auf dem Tisch hat allerdings den gleichen Effekt.

Die Auswirkungen des Symmetrischen Tonischen Nackenreflexes lassen
üblicherweise schnell nach, wenn das Kind ein Bewegungstraining erhält.
Bestandteil eines solchen Programms sind zum Beispiel das langsame Hin-
und Herwiegen auf Händen und Knien oder kurze Phasen des Kriechens
und Krabbelns.

Zusammenfassung

Das Vorhandensein eines frühkindlichen Reflexes oder das Fehlen eines
Halte- und Stellreflexes in Schlüsselstadien der Entwicklung mögen als Be-
weise für die fortdauernde subkortikale Kontrolle über neuromuskuläre
Funktionen angesehen werden. Die willkürliche Kontrolle der Bewegung
ist eine direkte Widerspiegelung des Grades an kortikaler Kontrolle, zu der
ein Individuum in der Lage ist – der Kortex steht für das zielgerichtete Verhalten, während das subkortikale Verhalten eingeschränkt und stereotyp ist.

Es gibt eine ganze Reihe von Gründen, warum subkortikale Systeme do-
minant bleiben können: ein Mangel an Beanspruchung in einem frühen

Entwicklungsstadium, zu geringe Hemmung, Stoffwechselbeschwerden, ein pathologischer Befund oder auch die direkte Beeinträchtigung durch eine Verletzung. Jede der genannten Störungen kann die kortikalen Funktionen in einem späteren Stadium beeinträchtigen.

Das Aufdecken einer abweichenden Reflexstruktur kann also als wertvolles Werkzeug dienen, wenn es darum geht, das Kind für wirkungsvolle Förderprogramme einzustufen, da sie Aufschluß darüber gibt, welche Entwicklungsstufe das Kind erreicht hat. Wenn es möglich ist, diese Stufe exakt zu markieren, wird es auch möglich, eine Lehrmethode zu finden, von der das Kind am meisten profitieren kann.

Die Reflexe stellen allerdings nur den Unterbau für spätere Lernleistungen dar. Wenn ein Kind das Alter von acht Jahren erreicht hat, werden auch andere Systeme beim Lernen eine Rolle spielen. Die Reflexe sind nur ein Merkmal für eine fehlgerichtete Entwicklung. Später können zudem Dysfunktionen in der Verarbeitung auditiver und visueller Informationen, dem vestibulären System usw. auftreten. Deshalb ist es wichtig zu untersuchen, welches Gebiet für das jeweilige Kind den größten Stolperstein darstellt, und dann ein individuelles Übungsprogramm auszuarbeiten.

Obwohl die Symptome der Dysfunktion bei vielen Kindern ähnlich sein können, muß doch jedes Kind während seiner Entwicklung einen ganz eigenen Weg einschlagen, um seine Probleme zu bewältigen. Dieser Weg ist so individuell wie das Kind selbst. Eine vielfältige Testbatterie ist deshalb ein sehr wertvolles Mittel für die Einschätzung der Bedürfnisse des einzelnen Kindes. Eine aufschlußreiche und detaillierte Untersuchung sollte folgende Funktionen testen:

– Grobmotorik und Gleichgewicht
– Kleinhirnfunktionen
– frühkindliche Reflexe sowie Halte- und Stellreflexe
– Lateralität / Seitigkeit
– Augenmuskelfunktionen und visuelle Wahrnehmung
– auditive Diskriminierung und Lateralität
– Ausführung spezifischer altersgemäßer Aufgaben.

Lehrer und Lehrerinnen sollten sich auch anderer Faktoren bewußt sein, die möglicherweise Teil eines umfassenden Problems sein könnten: schlechte Ernährung und Allergien, ein problematisches soziales Umfeld, genetische oder Stoffwechseleinflüsse sowie psychologische Probleme.

Ein Ansatz, der die Gesamtentwicklung des Kindes in Betracht zieht, macht es Lehrern, Therapeuten oder Psychologen möglich, bei Lernschwierigkeiten über den Tellerrand zu schauen und noch einmal einen Blick auf die Frage zu werfen, die Tansley vor über zwanzig Jahren gestellt hat: „Lehrer haben sich viel zu lange auf die psychologischen Probleme oder die soziale und wirtschaftliche Umgebung von Kindern konzentriert. Statt dessen sollten sie sich vielleicht die Frage stellen, ob ein Kind über alle Voraussetzungen verfügt, die es braucht, um auf dem verlangten schulischen Niveau erfolgreich zu sein, und ob die Methoden, die dabei angewendet werden, überhaupt die richtigen sind."

Diese Frage war es, die Peter Blythe vor zwanzig Jahren dazu bewegte, nach einer körperlichen Grundlage für Lernschwierigkeiten zu suchen. Diese Methoden wurden dann in Schweden übernommen und in den späten siebziger Jahren von Catharina Johannsen Alvegard weiterentwickelt. In den achtziger Jahren erreichten diese Ideen die USA und in den Neunzigern auch Deutschland. Mittlerweile sind sie fest im Denken vieler Lehrer und Lehrerinnen auf der ganzen Welt verankert.

Wenn das Fundament für das Lernen richtig fest gebaut wird, können Lernmethoden wirksam werden und das Kind kann beginnen, mit ihnen zu wachsen. In unserer modernen Welt ist nur wenig Platz für schulisches Versagen. Trotzdem scheint es zu existieren, und wir müssen weiter die Frage stellen, *warum* es dazu kommt.

Anhang

Tabelle I
Entwicklung und Transformation des Reflexsystems

Reflex	Entstehung	Hemmung	Weiterentwicklung
Uterine Rückzugsreflexe	5.–7,5. Woche im Mutterleib	9.–32. Woche im Mutterleib	
Moro-Reflex	9.–12. Woche im Mutterleib	2.–4. Monat nach der Geburt	Reifer Schreckreflex (Strauß-Reflex)
Palmar-Reflex	11. Woche im Mutterleib	2.–3. Monat nach der Geburt	Willkürliches Loslassen; entwickelt sich weiter zum Pinzettengriff.
Plantar-Reflex	11. Woche im Mutterleib	7.–9. Monat nach der Geburt	Reifer Plantar-Reflex
Asymmetrischer Tonischer Nackenreflex	ca. 18. Woche im Mutterleib	3.–9. Monat nach der Geburt	Transformierter Tonischer Nackenreflex
Spinaler Galantreflex	20. Woche im Mutterleib	3.–9. Monat nach der Geburt	Amphibienreflex
Suchreflex	24.–28. Woche im Mutterleib	3.–4. Monat nach der Geburt	Reifer Saugreflex und nachfolgende Entwicklung reiferer Saug- und Schluckbewegungen. Diese sind grundlegende Voraussetzung für das Sprechen und für eine deutliche Artikulation.

Reflex	Entstehung	Hemmung	Weiterentwicklung
Saugreflex	24.–28. Woche im Mutterleib	3.–4. Monat nach der Geburt	Reifer Saugreflex und nachfolgende Entwicklung reiferer Saug- und Schluckbewegungen. Diese sind grundlegende Voraussetzung für das Sprechen und für eine deutliche Artikulation.
Tonischer Labyrinthreflex vorwärts	12. Woche im Mutterleib	3.–4. Monat nach der Geburt	Kopfstellreflexe, Landau-Reflex
Tonischer Labyrinthreflex rückwärts	Entsteht bei der Geburt	2.–4. Monat nach der Geburt	Kopfstellreflexe
Babinski-Reflex	1. Woche nach der Geburt	12.–24. Monat nach der Geburt	Reifer Plantar-Reflex
Schreitreflex	1. Woche nach der Geburt	6. Monat	Hemmung spätestens mit 6 Monaten
Abdominalreflex	4. Woche nach der Geburt	bleibt aktiv	Deutet auf zunehmende Reife im oberen pyramidalen Trakt – wird deshalb mit Gleichgewicht und Muskeltonus assoziiert.
Landau-Reflex	4.–6. Woche nach der Geburt	mit 3 Jahren	Steuerung der Balance zwischen Beuge- und Streckmuskeln.
Kopfstellreflexe	2.–4. Monat	bleiben aktiv	Die Grundlage für Gleichgewicht, Augenmuskelfunktionen, Orientierung und räumliches Bewußtsein.

Tabelle II
Verzögerungen in der neurologischen Entwicklung
Hinweise aus der Kindheitsgeschichte

Schwangerschaft

- Hyperemesis (heftiges Erbrechen)
- Schwere Virusinfektionen während der ersten 22 Schwangerschaftswochen bzw. zwischen der 26. und der 30. Woche
- Exzessiver Alkoholgenuß und / oder Drogenmißbrauch
- Radioaktive Strahlung
- Unfälle oder Infektionen
- Drohende Fehlgeburt
- Hoher Blutdruck
- Plazentainsuffizienz
- Rauchen
- Toxoplasmose
- Starker Streß
- Nicht behandelte Diabetes.

Geburt

- Verlängerte Wehen oder Sturzgeburt
- Plazenta praevia
- Zangen- oder Saugglockengeburt
- Steißgeburt
- Kaiserschnitt
- Nabelschnur um den Hals
- Fötaler Schmerz
- Früh geboren (mehr als zwei Wochen vor dem errechneten Termin) oder übertragen (mehr als zwei Wochen nach dem errechneten Termin).

Störungen beim Neugeborenen

- Geringes Geburtsgewicht (unter 4,5 Pfund)
- Brutkasten
- Verformter Schädel
- Schwere Gelbsucht
- Baby muß wiederbelebt werden
- Blaues Baby
- Blutergüsse / blaue Flecke
- Probleme beim Stillen und Füttern während der ersten sechs Monate.

Kleinkindalter

- Krankheiten während der ersten 18 Monaten in Verbindung mit hohem Fieber, Delirium oder Krämpfen
- Ungünstige Reaktionen auf eine der üblichen Impfungen
- Spätes Laufenlernen (älter als 18 Monate)
- Spätes Sprechenlernen (älter als 18 Monate)
- Schwierigkeiten beim Anziehenlernen, zum Beispiel beim Knöpfen, beim Binden von Schnürsenkeln
- Daumenlutschen bis zum Alter von fünf Jahren oder darüber hinaus
- Bettnässen (älter als fünf Jahre)
- Häufige Hals-Nasen-Ohren-Infektionen
- Schwere allergische Reaktionen.

Kindheit / Schulzeit

- Reiseübelkeit: Kopfschmerzen oder Übelkeit, vor allem beim Lesen im Auto, Schiff oder Flugzeug
- Schwierigkeiten, das Radfahren ohne Stützräder zu lernen
- Schwierigkeiten, Lesen zu lernen
- Schwierigkeiten, Schreiben zu lernen, bzw. beim Übergang von der Druckschrift zur Schreibschrift
- Schwierigkeiten beim Erlernen der Uhr (analoges Ziffernblatt)
- Schlechte Augen-Hand-Koordination
- Wechselnde Händigkeit über das Alter von acht Jahren hinaus
- Unfähigkeit, stillzusitzen oder still zu sein, bis zum Alter von elf oder zwölf Jahren

- Schwierigkeiten beim Sportunterricht, zum Beispiel bei der Rolle vorwärts, bei Handstand, Radschlagen, Seilklettern, und andere Anzeichen allgemeiner Ungeschicklichkeit und mangelnder Koordinationsfähigkeit
- Schwierigkeiten beim Schwimmenlernen
- Sprach- und Artikulationsprobleme.

Nur selten stellt ein einzelner Faktor allein einen Hinweis auf eine neurophysiologische Entwicklungsverzögerung dar. Genau wie für die frühkindlichen Reflexe gilt, daß erst die Häufung von Faktoren auf ein mögliches Vorhandensein einer neurologischen Entwicklungsverzögerung schließen läßt. Anzeichen auf eine neurologische Entwicklungsverzögerung beschränken sich nicht auf die obige Liste.

Tabelle III
Hilfsmittel bei fortbestehenden Reflexen

Reflex	Schulprobleme	Behandlungsansätze/Übungen
Moro-Reflex Test: 1. Standardtest 2. Aufrechter Test	Überreaktionen, Hypersensitivität, Stimulusgebundenheit, Schwierigkeit bei Ballspielen.	Sensorisch: Gleichgewichtstraining, taktile Stimulation, Klangtherapie.
Palmar-Reflex Test: Reizung der Handfläche	Mangelnde Geschicklichkeit der Hände, unreife Stifthaltung, Handbewegungen und Sprechen können gekoppelt sein.	1. Ergreifen und Loslassen eines Gegenstandes mit der Hand. 2. Unabhängige Bewegung des Daumens, gefolgt von Finger-Daumen-Oppositionsbewegungen. 3. Fingerübungen (jeweils einer Hand), danach üben die Hände gleichzeitig unterschiedliche Bewegungen.
Asymmetrischer Tonischer Nackenreflex Test: 1. Standardtest 2. Schilder-Test	Handschrift; Probleme, Ideen und Gedanken schriftlich auszudrücken; Schwierigkeiten, mit den Augen eine Zeile zu verfolgen; Schwierigkeiten beim Überqueren der Mittellinie; wechselnde Seitigkeit oder Kreuzseitigkeit.	1. Langsame Übungen in Rückenlage, die mit homolateralen Bewegungen gekoppelt an die Drehung des Kopfes zur selben Seite beginnen. Im Anschluß Streckung einer Körperseite in die entgegengesetzte Richtung der Kopfdrehung; unabhängige Kreuzmusterbewegungen der Arme und Beine, wobei sich der Kopf auf der Mittellinie befindet. Diese Übungen sollten mit langsamen Bewegungen durchgeführt werden; das Kind liegt dabei auf dem Rücken.

Reflex	Schulprobleme	Behandlungsansätze/Übungen
		2. Fördern Sie die Entwicklung der Augenbewegungen: Das Kind soll dazu den Daumen der dominanten Hand etwa 20–25 cm vom Gesicht entfernt hin und her bewegen. Während es den Daumen fokussiert, wird der Kopf stillgehalten. Zunächst soll es das mit geschlossenen Augen tun und sich dabei vorstellen, daß es auf den Daumen schaut (insgesamt 6x). Noch einmal mit geöffneten Augen wiederholen. 3. Jetzt wird der Daumen langsam vorwärts und rückwärts bewegt – zuerst wird er ganz nahe vor die Augen gehalten und dann langsam so weit vom Gesicht wegbewegt, bis der Arm ganz ausgestreckt ist. Dabei wird der Blick auf den Daumen fokussiert. Erweitern Sie den Abstand, indem Sie das Kind einen Punkt an einer Zimmerwand fixieren lassen; danach wird die Distanz wieder auf Armeslänge und Nahsicht reduziert.
Such- und Saugreflex Test: Stimulation der beiden Seiten des Mundes	Schlechte Artikulation; anhaltendes Daumenlutschen; Kind ißt unordentlich; Sabbern; Überempfindlichkeit bei Berührung des Gesichts; das Kind braucht später eventuell eine kieferorthopädische Behandlung; Schluckbewegungen sehr weit vorn im Mund können zur Entwicklung eines hoch gewölbten Gaumens und eines engen Kiefers führen.	Programm zur Reflexhemmung.

Reflex	Schulprobleme	Behandlungsansätze / Übungen
Spinaler Galantreflex Test: Stimulation der Lendengegend	Unfähigkeit, stillzusitzen oder still zu sein; schlechte Konzentrationsfähigkeit; fortgesetztes Bettnässen über das Alter von fünf Jahren hinaus.	Falls dieser Reflex mit anderen frühkindlichen Reflexen aktiv ist, ist ein Programm zur Reflexhemmung empfehlenswert. Falls dieser Reflex als einziger frühkindlicher Reflex noch vorhanden ist, werden Übungen, die auf dem Rücken liegend ausgeführt werden, die Seitwärtsbewegung der Hüften hemmen.
Tonischer Labyrinthreflex Test: Aufrechter Test	Schwach entwickeltes Gleichgewicht; steife bzw. schlaffe Muskulatur (sichtbar beim Laufen); Augenmuskeldysfunktionen: a) Verfolgen einer Zeile. b) Konvergenz. c) Wiederherstellung beidäugigen Sehens. Visuelle Wahrnehmungsprobleme; mögliche Hörprobleme. Unorganisiert; schwach ausgeprägter Sinn für Zeit und Rhythmus.	1. Stimulation des Gleichgewichts, also Kreisen, Rollen und Schaukeln mit geschlossenen Augen. 2. Streck- und Beugeübungen in Rücken- und Bauchlage auf dem Boden mit geschlossenen Augen. Ist die Testauswertung schlechter als 2 in Verbindung mit anderen Reflexen: Programm zur Reflexhemmung.
Symmetrischer Tonischer Nackenreflex Test: Kopf strecken und beugen im Vierfüßlerstand	Haltung: Das Kind „liegt" auf dem Schreibtisch, wenn es schreibt. Schlechte Augen-Hand-Koordination; Probleme beim Fokussieren von Fern- zu Nahsicht (Akkomodationsprobleme). Ungeschicklichkeit.	Krabbeln auf Händen und Knien; sorgen Sie für eine schräge Schreibtischoberfläche.

Reflex	Schulprobleme	Behandlungsansätze/Übungen
Fehlende oder unterentwickelte Halte- undStellreflexe		
Kopfstellreflexe	Augenmuskeldysfunktionen; visuelle Wahrnehmungsprobleme; schwach entwickeltes räumliches Bewußtsein; Reiseübelkeit.	Vestibuläres Training, zum Beispiel langsames Drehen (mit geschlossenen Augen), Rollen und „Kippen". Sobald sich die Balance und die Kopfhaltung verbessern, können die Übungen mit geöffneten Augen wiederholt werden. Roll- und Balancebrett sowie andere psychomotorische Trainingsgeräte, zuerst liegend, dann sitzend, dann stehend; Trampolin.
Landau-Reflex	Ungleichgewicht zwischen Streck- und Beugemuskeln.	Bauchlage – der Oberkörper wird vom Boden erhoben, die Füße bleiben dabei am Boden.
Amphibienreflex/Segmentäre Rollreflexe	Fehlen segmentärer oder differenzierter Bewegungen im Zusammenspiel des gesamten Körpers.	Rollen von Bauch- in die Rückenlage und umgekehrt, wobei der Bewegungsablauf von einem Körperteil ausgeht: zum Beispiel wird ein Bein gebeugt und langsam über den Körper bewegt, um so das Herumrollen des Oberkörpers in Gang zu bringen.
Gleichgewichtsreaktionen		Gleichgewichtsreaktionen können sich nur dann vollständig entwickeln, wenn sowohl der Moro-Reflex als auch der Tonische Labyrinthreflex gehemmt worden sind; das Fehlen von Gleichgewichtsreaktionen können auch Symptome für andere zurückbehaltene frühkindliche Reflexe sein.

Aufsätze

Elektiver Mutismus: Die unfreiwillige Stummheit

Der Begriff „selektiver Mutismus", früher als „elektiver Mutismus" bezeichnet, läßt auf eine willkürliche Weigerung schließen, in bestimmten Situationen zu sprechen. In DSM IV (1995), mit Verweis auf „elektiver Mutismus", werden die charakteristischen Merkmale folgendermaßen beschrieben:

„Das grundlegende Merkmal des selektiven Mutismus
ist das Versagen der Sprechfähigkeit in spezifischen
sozialen Situationen (zum Beispiel in der Schule oder
mit Spielkameraden), in denen Sprechen erwartet
wird. Dies geschieht, obwohl das Sprechen in anderen
Situationen kein Problem ist. (Diese Diagnose trifft
nicht zu, wenn die Symptomatik kürzer als einen Monat anhält, das Kind nicht mit dem Gesprächsthema
vertraut ist, an anderen Sprach- oder Entwicklungsstörungen oder an Schizophrenie leidet.) Anstelle der
Standardsprache kommunizieren Kinder, die diese
Störung aufweisen, mit Hilfe von Gesten, Kopfschütteln oder Nicken, Schieben oder Ziehen; in manchen
Fällen auch mit einsilbigen, sehr kurzen oder monotonen Lauten oder mit einer veränderten Stimme. Verwandte Merkmale sind auch extreme Schüchternheit,
Angst vor peinlichen Situationen im Zusammenleben
mit anderen, soziale Isolation / sozialer Rückzug,
'Klammern', zwanghafte Gewohnheiten, Wutausbrüche oder andere Arten von Kontroll- bzw. Abwehrverhalten, vor allem zu Hause."

Selektive / elektive Stummheit ist eine Sonderform des Autismus; unter bestimmten Voraussetzungen kann selektive / elektive Stummheit als eine geringfügige Manifestation des Autismus oder als Form einer bestimmten

autistischen Verhaltensform betrachtet werden. Ein siebzehnjähriges autisti-
sches Mädchen, das vom sechsten Lebensjahr an nicht mehr sprechen
konnte, war später in der Lage, ihre Erfahrungen aufzuschreiben: Sie war
quasi in einer stummen Welt eingeschlossen gewesen (Hocking, 1990).

(Der folgende Originaltext war ohne jede Interpunktion niedergeschrie-
ben worden. Wir haben zur besseren Lesbarkeit ein Minimum an Zeichen-
setzung eingesetzt.)

„Caroline wollte so gern sprechen, aber das schien
eine ganz unmögliche Aufgabe zu sein. ‚Glauben Sie,
daß sie jemals sprechen wird?' wurden ihre Mutter
und ihre Lehrer immer wieder gefragt. Die Antwort
war: ‚Es gibt keinen Grund, warum sie nicht wieder
sprechen sollte. Alle körperlichen Voraussetzungen
sind da. Als kleines Mädchen hat sie ja auch gesprochen.' Einige Leute konnten das nur schwer verstehen.
Sie dachten, daß ihre Eltern sich etwas vormachten
und daß sie immer stumm gewesen war. Aber sie hatte
gesprochen. Sie konnte sich ganz deutlich daran erinnern, daß sie ihrer Mutter Dinge erzählt hatte. ‚Schau
dir den Mond an', hatte sie einmal gesagt. Sie hatte
über seine Schönheit am Taghimmel gestaunt, als sie
ihn plötzlich sah. Damals mußte sie ungefähr sechs
Jahre alt gewesen sein und ganz verloren in ihrem
Kummer. Aber sie konnte auf die Schönheit, die unerwartete Schönheit am Himmel reagieren. Sie konnte
sich an andere Situationen erinnern – sie hatte versucht, etwas zu sagen, war aber in dem schwarzen
Netz ihrer Traurigkeit gefangen und unfähig gewesen,
einen Laut von sich zu geben. Es ist sehr schwierig zu
erklären, wie die Angst sich um die Stimmbänder legt.
Es war ein Gefühl, als ob unsichtbare Hände ihren
Hals zudrückten und versuchten, das Leben selbst
auszulöschen. So wenig Platz für die Luft, hinein und
hinaus zu kommen. So wenig Platz für die Existenz
dieser geheimnisvollen Lebenskraft. Dieser Teil ihres
Körpers scheint ganz besonders verletzlich zu sein, so
besonders ungeschützt, daß er um jeden Preis geschützt werden muß, sogar um den Preis des Schwei-
gens. Das schien wertvolle Luft für den Lebensprozeß
selbst zu sparen. Für das Sprechen war keine Luft
mehr übrig, also mußte das Sprechen aufhören. Keiner

bemerkte, daß dies eine der Ängste war, die hinter
dem Schweigen steckten: Dieses Gefühl der engen
Atemlosigkeit, die das bißchen Leben, das noch da
war, zu ersticken und auszulöschen drohte. Als sie
noch ein kleines Mädchen war, war dies ein reales Gefühl gewesen, und erst als sie fast erwachsen war, hatte
sie genügend inneren Abstand, es zu beschreiben.
Jetzt war sie älter, und mit vielen Gefühlen ging es ihr
immer noch genauso. Sie konnte die Dinge beschreiben, die ihren kleinen Geist mit großen Zweifeln und
Ängsten bestürmt hatten. Sie kannte die Worte, um zu
beschreiben, wie alles gewesen war, darum fand sie,
daß es so wichtig war, ein Buch zu schreiben, um es zu
erklären. Es war, wie ihr Lehrer gesagt hatte: In ihrer
Situation konnte sie anderen helfen. Kundig beschriebene reale Erfahrungen waren tausendmal mehr wert
als Spekulationen wohlmeinender Experten. Besonders weh tat ihr die (übrigens unter Psychiatriestuden-
ten weit verbreitete) Meinung, daß jemand, der
schweigt, auch nichts verstehen kann: Wer Sprache
nicht gebraucht, kann auch seine Gedanken nicht ausdrücken. Aber woher wollten sie denn wissen, daß
viele sprachlose Menschen ihre Köpfe voller wunder-
schöner, ausdrucksvoller Sprache hatten, die sie nicht
anwenden konnten, weil niemand den Schlüssel zu ihrem Vertrauen gefunden hatte."

Es wäre sehr leicht, die Gefühle dieses Mädchens anhand der psychologischen Ätiologie zu analysieren; der Zweck dieses Aufsatzes gilt jedoch dem
Zusammenhang, daß dem elektiven Mutismus eine körperliche Ursache zu-
grunde liegt. Es sollen die Mechanismen untersucht werden, die in bestimmten Situationen eventuell die zur Produktion von Sprache notwendigen Organe hemmen.

Zwei der stärksten Bilder, die uns die Beschreibung des Mädchens vor
Augen führt, sind die Beschreibungen von Angst und Atemlosigkeit. Viele
Ausdrücke der englischen Sprache deuten eine Verbindung von Angst und
Sprachunfähigkeit an: „petrified" (versteinert), „speechless with fear"
(sprachlos vor Angst), „frozen to the spot" (auf der Stelle festgefroren),
„tongue tied" (die Zunge wie festgebunden) und „struck dumb" (jemandem
die Sprache verschlagen). Jede dieser Redewendungen steht für die Wahrnehmung einer normalen, momentanen Reaktion auf äußerste Angst. Folgende Frage stellt sich hier: Warum empfinden bestimmte Menschen im

Verlauf des alltäglichen Lebens eine Angst, die so extrem ist, daß sie nicht mehr in der Lage sind, mit der sie umgebenden Welt effektiv zu verkehren? Eine Erklärung läßt sich vielleicht innerhalb des Konzeptes der neurologischen Entwicklungsverzögerung finden. Neurologische Entwicklungsverzögerung umfaßt eine Anzahl von Symptomen, von denen eines der elektive Mutismus sein kann. Diese Symptome haben ihren Ursprung in einer Entwicklungsstufe, die während der fötalen Phase oder im Kleinkindalter „steckengeblieben" ist oder übersprungen wurde. Nachfolgend verläuft die Entwicklung normal weiter, aber eine unterschwellige Schwäche oder Unreife bleibt im Zentralen Nervensystem (ZNS) bestehen. Diese Schwäche kann unter bestimmten Voraussetzungen „Fehlzündungen" anderer Körpersysteme zur Folge haben. Existenz und Ausmaß der neurologischen Entwicklungsverzögerung werden anhand des Vorhandenseins und der Stärke von frühkindlichen Reflexen, die über den üblichen Zeitpunkt der Hemmung hinaus noch aktiv sind, und anhand des Fehlens von Halte- und Stellreflexen gemessen, die dem Menschen den wirkungsvollen Umgang und die sinnvolle Interaktion innerhalb seiner Umgebung ermöglichen. Eine solche abweichende Reflexstruktur dient als Wegweiser zur Beurteilung der Reife des Zentralen Nervensystems.

Während der normalen Entwicklung sollten die frühkindlichen Reflexe beginnen sich herauszubilden, sich kräftigen, eine Funktion erfüllen und schließlich im Verlauf des ersten Lebensjahres dem Prozeß der Hemmung unterzogen werden. Es sollten eine strenge Chronologie, eine Abfolge und ein Rhythmus in der Reflexstruktur erkennbar sein, damit jeweils in einem bestimmten Alter bestimmte Eckpunkte der Entwicklung erreicht werden können. Falls die Abfolge auf irgendeine Weise unterbrochen wird, führt dies dazu, daß die frühen Reflexe im System steckenbleiben. Dadurch wird das Auftreten nachfolgender Reflexe gestört; die weitere Entwicklung des Zentralen Nervensystems erfolgt auf einer gestörten Basis.

Die Reflexe, von denen man weiß, daß sie am frühesten auftauchen, bilden sich mit fünf bis sieben Wochen nach der Empfängnis. Sie stellen die Gruppe der Rückzugsreflexe dar. Sie sind die früheste zu beobachtende Form von taktilem Bewußtsein beim Embryo. Kaum wahrnehmbar für das bloße Auge reagiert der Embryo mit einer schnellen, amöbenartigen Rückzugsbewegung des gesamten Organismus auf taktile Reizung der Mundgegend. Es wird vermutet (Goddard, 1989), daß der frühe Rückzugsreflex eine Form des Furchtlähmungsreflexes darstellen könnte. Dieser Reflex wird von Kaada (1986) im Detail beschrieben; er kann im späteren Leben bedeutende Auswirkungen haben, falls er nicht während der Schwangerschaft gehemmt wird.

Capute (1986) unterteilt die frühkindlichen Reflexe in drei Kategorien:

1. *Intra-uterine Reflexe*: Reflexe, die im Laufe der intra-uterinen Entwicklung erscheinen und wieder unterdrückt werden. (Diese Reflexe sind bei der Geburt nicht vorhanden.)
2. *Intra-uterine und Geburtsreflexe*: Reflexe, die während der späteren intra-uterinen Entwicklung auftauchen, bei der Geburt vorhanden sind und im Alter von etwa sechs Monaten gehemmt werden.
3. *Halte- und Stellreflexe*: Reflexe, die im Laufe des späteren Kleinkindalters auftauchen, nachdem die frühkindlichen Reflexe gehemmt worden sind.

Die Rückzugsreflexe gehören zur ersten Kategorie; sie sollten gleichzeitig mit dem Auftreten des Moro-Reflexes gehemmt werden (9–32 Wochen nach der Empfängnis). Dies deutet darauf hin, daß der Moro-Reflex selbst eine Rolle bei der Hemmung des vorangehenden Reflexes spielt und daß nur die vollständige Entwicklung eines starken Moro-Reflexes diese Aufgabe vollständig ausführen kann. Entwickelt sich der Moro-Reflex innerhalb dieser Periode nicht vollständig, bleiben sowohl die Rückzugsreflexe als auch der Moro-Reflex „blockiert" und über den normalen Zeitpunkt der Hemmung hinaus im System aktiv.

Wie kann das Vorhandensein dieser beiden Reflexe spätere Funktionen – vor allem die Sprechmechanismen – behindern, wenn sie auf der subkortikalen Ebene über das normale Alter der Hemmung hinaus aktiv bleiben?

Kaada (1986) beschreibt die Merkmale des Furchtlähmungsreflexes mit der Analogie des „erschreckten Kaninchens", das auf der Stelle erstarrt, wenn es plötzliche Furcht erfährt. Im Tierreich mag dies seinen Zweck erfüllen, denn das bewegungslose Tier entgeht auf diese Weise der Aufmerksamkeit seines Feindes. Beim Menschen stellt diese Reaktion eine Fehlanpassung an eine Situation dar, die individuell schlecht bewältigt wird.

Die begleitenden Merkmale sind ebenfalls von Bedeutung: Aktivierung des Furchtlähmungsreflexes führt zur unmittelbaren Bewegungslähmung, begleitet von Atemstillstand beim Ausatmen. Der Muskeltonus und die Reaktion auf äußere Reize sind reduziert. Es wird ein schmerzhemmender Mechanismus ausgelöst, dessen Begleitsymptome verlangsamter Herzschlag und periphere Gefäßverengung sind. Kaada stellt fest, daß dies „ein Reflex ist, den wir im gesamten Tierreich finden. Er wird temporär durch kortikale Steuerung als Ergebnis extremer Angst ausgelöst." Wird dieser Reflex beim Menschen nicht rechtzeitig gehemmt, bleibt er auf der subkortikalen Ebene aktiv und kann so durch geringfügige Reize ausgelöst werden, die aber keinerlei Gefahr für den Menschen bedeuten.

Der Moro-Reflex sollte im Zeitraum von 9–32 Wochen nach der Empfängnis entstehen, bei der Geburt vollständig vorhanden sein und mit etwa
3–4 Monaten nach der Geburt in den Hemmungsprozeß eintreten. Mit
9–12 Wochen nach der Empfängnis beginnen auch andere lebenswichtige
Körpersysteme sich zu entwickeln: das vestibuläre System, das Kleinhirn
und der Hypothalamus. Wenn der Moro-Reflex, der das frühkindliche
Warnsystem des Fötus bei Streß oder Bedrohung darstellt, sich zu diesem
Zeitpunkt nicht vollständig herausbildet, besteht die Möglichkeit, daß die
Streßreaktionen des Fötus nur ungenügend sind. Zum Beispiel beschreibt
Odent (1986), wie das gesamte für das spätere Leben maßgebliche Hormon-
profil während dieses dynamischen Entwicklungsabschnitts reguliert wird:

„In einem frühen Abschnitt der fötalen Phase kann die
Hypophyse, die alle anderen endokrinen Drüsen steuert, alle bekannten Hypophysenhormone ausstoßen.
Wenn der Fötus elf bis zwölf Wochen alt ist, kommen
die Gefäße, aus denen sich später der Hypothalamus
und die Hypophyse bilden, zusammen. Zu diesem
Zeitpunkt steuert der Hypothalamus bereits die Hypophyse. Wenn der Fötus drei Monate alt ist, sind die
täglichen Veränderungen des Streßhormons ACTH
bereits gut ausgebildet."

Spezifische hormonelle Zustände in einem Alter, in dem das grundlegende
Anpassungssystem noch nicht ausgereift ist, setzen den Hormonspiegel für
das ganze spätere Leben. Befindet sich der Fötus oder das Baby beispielsweise in ständigem, unvermindertem Streß, führt dies zu einer Ausschüt-
tung von Streßhormonen, wodurch der Hypothalamus in einer Weise reguliert wird, daß der Grundstein für spätere Beschwerden, wie eine niedrige
Streßschwelle und Bluthochdruck gelegt wird.

Der Hypothalamus fungiert als Brücke zwischen Gehirn und hormonel-
lem System – er ist ein Teil von beiden und spielt eine führende Rolle innerhalb von Reaktionen auf psychischen Streß. Gemeinsam mit dem limbischen Lappen stimuliert er die Hypophysenachse, das Retikuläre Aktivierungssystem (RAS) und den sympathischen Teil des autonomen Nervensystems – drei separate Kreisläufe, die auf Unbekanntes und auf „Herausforderungen" reagieren. Die Aktivierung dieser drei Kreisläufe führt dazu, daß
das Streßhormon ACTH gemeinsam mit anderen Hormonen aus Hirnstamm und sympathischen Nerven freigesetzt wird, was eine Erhöhung des
Herzschlags, Weitung der Pupillen und erhöhte Aktivität des Retikulären

Systems (Retikuläres Aktivierungssystem, Formatio reticularis) zur Folge
hat, was dann wiederum zu einer Erhöhung des Muskeltonus, des Blutdrucks und Herzschlags sowie zu einer Unterdrückung einer reflektori-
schen Bradykardie führt. All dies sind die körperlichen Symptome des aktivierten Moro-Reflexes, der manchmal auch als Auslöser des „Kampf- oder
Flucht"-Mechanismus bezeichnet wird. Der Moro-Reflex kann aber auch
als der „Lösungsmechanismus" eines aktivierten Furchtlähmungsreflexes
gesehen werden.

Wie könnten die Folgen des Furchtlähmungsreflexes und des Moro-Reflexes aussehen, die beide aktiv bleiben?

Wir hätten es mit einer Person zu tun, die über eine niedrige Angst- und
Streßschwelle verfügt. Diese Person reagiert möglicherweise hypersensitiv
auf Berührung, Geräusche, bestimmte Tonfrequenzen, Veränderungen innerhalb des Gesichtsfeldes, auf Geruch und vielleicht auch auf Geschmack.
Vielleicht ist sie in der Lage, diese Hypersensitivität in vielen Situationen zu
kompensieren und vielleicht auch zu überwinden, aber dazu bedarf es der
aktiven „Überlistung" instinktiver Reflexreaktionen durch den Kortex.
Solch ein Mensch ermüdet leicht, und durch die Müdigkeit wird seine
Kompensationsfähigkeit reduziert, so daß die Reflexreaktionen leichter
ausgelöst werden können.

Welcher Reflex im einzelnen ausgelöst wird, hängt von den jeweiligen
Umständen ab. In bestimmten Situationen werden beide Reflexe durch bewußte Kontrolle überlistet, so daß das Individuum rational und angemessen
auf eine Situation reagieren kann. In anderen Situationen provozieren die
Umstände vielleicht den Moro-Reflex oder eine Überreaktion. In wieder anderen Situationen kann es dazu kommen, daß die Rückzugsreflexe die
Oberhand gewinnen – das Individuum ist dann nicht in der Lage, überhaupt
zu reagieren. Ein Ergebnis des letztgenannten Umstandes kann der elektive
Mutismus sein.

Was jedoch noch beantwortet werden muß, ist folgende Frage: Wie
kommt es, daß bestimmte soziale Situationen so extreme Angst auslösen
können?

Wo der Furchtlähmungsreflex und der Moro-Reflex aktiv bleiben, entwickeln sich spätere Reflexe in der hierarchischen Struktur ebenfalls in
gewissem Grade abweichend. Der Tonische-Labyrinthreflex kann latent
bis vollständig persistieren (fortbestehen), so daß jede Vorwärts- oder
Rückwärtsbewegung des Kopfes über die Mittellinie hinaus zu einer
automatischen Beugung oder Streckung der Arme und Beine führt – eine
Reaktion, die nur durch bewußten Einsatz von Muskeln gesteuert und
kontrolliert werden kann. In solch einem Fall wird die Balance beim

aufrechten Stand nie stabil oder konstant sein. Weiterhin werden sich die
Augen- und Labyrinthkopfstellreflexe, die beide mit sechs Monaten vorhanden sein sollten, nicht vollständig entwickeln. Dieser Umstand wiederum wirkt sich auf die Augenmuskelfunktionen aus.

Der Tonische Labyrinthreflex hat auch einen direkten Einfluß auf das
Labyrinth. Das Labyrinth ist ein komplexes Organ für das Erhalten des
Gleichgewichts. Durch die Bewegung von Flüssigkeit in den drei orthogo-
nalen Röhren funktioniert es ganz ähnlich wie eine Wasserwaage: Es aktiviert bestimmte Nerven, die Signale hinsichtlich der Kopfbewegung an das
Gehirn senden. Der vestibuläre Apparat registriert in der Folge Änderungen der Richtung und der Haltung des Kopfes im Raum, vor allem bei Beginn und am Ende von Bewegung. Die Information aus dem vestibulären
Apparat wird mit Informationen aus anderen sensorischen Bahnen kombiniert. Sowohl vor der Geburt als auch danach kontrolliert das vestibuläre
System das Körperbild sowie die Kinästhesie (Bewegungs- und Lagesinn).

Der vestibuläre Apparat ist auch ein Filtersytem für Geräusche. Das Ohr
fungiert als sammelndes Organ – nicht nur für lautliche Reize, sondern auch
für Reize, die für die Koordination des vestibulären Teils des Labyrinths
verantwortlich sind (Tomatis 1980). Wenn das Gleichgewichtssystem als
Folge anormaler Reflextätigkeit widersprüchliche Botschaften anderer Sinnesleitungen erhält, kann dies seine Fähigkeit, akustische Botschaften zu
verarbeiten und an die sprachverarbeitenden Zentren im Kortex weiterzuleiten, behindern.

Kommt zum Furchtlähmungsreflex und Moro-Reflex der Tonische Labyrinthreflex hinzu, steht das betroffene Individuum vor neuen Problemen:
Die automatische Steuerung des Gleichgewichts funktioniert nur selten,
und die Augenmuskelfunktionen sind fehlerhaft. Es können große Probleme bei der Lautdiskriminierung bestehen; in der Folge leidet die betroffene Person am sogenannten „Cocktailparty-Taubheit"-Phänomen: Eine
Kette zusammenhängender Worte kann wie eine bedeutungslose Einheit
klingen. Unterhalten sich zwei Leute innerhalb einer Gruppe, so wird dieses
als ein Haufen verworrener Laute wahrgenommen, die keinen unmittelbaren Sinn ergeben. Dieser Zustand wird manchmal als „Hörverzögerung"
oder „auditive Konfusion" bezeichnet. Ein Betroffener zeigt unter Umständen eine erhöhte Sensibilität für bestimmte Tonfrequenzen und eine gerin-
gere Sensibilität für andere Frequenzen. Als Ergebnis werden Teile von
Wörtern nicht so leicht wahrgenommen, und „Nebenlaute" können leichter
in das Bewußtsein des Hörers dringen. Unter diesen Umständen wird die
Umgebung zu einer Quelle der Verwirrung. Jeder von uns hat irgendwann
einmal die Erfahrung gemacht, wie unschön und beängstigend es ist, sich an

einem fremden Ort verloren zu fühlen. Ein Kind mit einem starken Tonischen Labyrinthreflex, Moro-Reflex oder Furchtlähmungsreflex wird sich an jedem Tag viele Male „verloren" fühlen. In solchen Situationen wird der Furchtlähmungsreflex leicht ausgelöst.

Der vestibuläre Apparat ist auf der Ebene der Medulla ebenfalls mit dem Vagus, dem zehnten Hirnnerv, verbunden (Blythe, 1990). Der Vagusnerv setzt sich sowohl aus sensorischen als auch aus motorischen Fasern zusammen. Die sensorischen Fasern leiten Empfindungen zu einem Teil des äußeren Ohres weiter und transportieren afferente Botschaften von dem Rachen, dem Kehlkopf und den inneren Organen des Brust- und Bauchraumes zum Gehirn. Die motorischen Fasern und zugehörige Nerven bedienen die quergestreifte Muskulatur des Gaumens, des Kehlkopfes und des Rachens.

Ist ein Kind bereits mit äußeren Reizen überladen, werden seine kompensatorischen Mechanismen bis zur Grenze ihrer Belastbarkeit beansprucht. Es bleibt also nur wenig Energie übrig, um sich auszudrücken. Ein viel zu großer Teil der Aufmerksamkeit muß darauf verwendet werden, den miteinander streitenden Wahrnehmungen Sinn zu verleihen. Das verwirrte vestibuläre System regt den Vagusnerv an und damit auch dessen Impulse an die spracherzeugenden Organe. Die Überreaktion des vestibulären Systems weckt frühe anormale Reflexe. Die Rückzugsreflexe kommen ins Spiel, und das Kind ist unfähig zu sprechen. Der Furchtlähmungsreflex behindert die Atmung und die Sprechmuskeln, die zeitweise gelähmt werden. Das Kind besitzt die Fähigkeit zu sprechen – aber nicht in dieser speziellen Umgebung. Sein Filtersystem für äußere Reize ist nicht angemessen ausgeformt. Seine Fähigkeit, diese Reize zu kategorisieren und zu unterscheiden und auf diese Weise seine Umwelt sinnvoll wahrzunehmen, wird gestört.

Mit all diesen Informationen bekommen die Beschreibungen von Angst und Atemlosigkeit in den oben zitierten Aufzeichnungen des siebzehnjährigen Mädchens allmählich einen Sinn.

Die Situation kann durch das Vorhandensein eines weiteren Reflexes – des Asymmetrischen Tonischen Nackenreflexes – noch weiter kompliziert werden. Wo dieser über den normalen Hemmungszeitpunkt (im wachen Zustand im Alter von sechs Monaten) noch aktiv ist, können verschiedene Funktionen behindert sein. In seiner frühkindlichen Form wird dieser Reflex ausgelöst, wenn das Baby seinen Kopf zu einer Seite dreht. Die Gliedmaßen auf der Seite, in die der Kopf gewendet wird, strecken sich, während die Gliedmaßen auf der anderen Körperseite sich beugen. Wenn ein Kind anfängt, feinmotorische Tätigkeiten zu erlernen, zum Beispiel das Schreiben, wird die Kontrolle der Schreibhand jedesmal gestört, wenn es den Kopf dreht, um diese Hand genau im Blick zu behalten. Die

Hand-Augen-Koordination kann ganz allgemein auf einer unreifen Stufe stehenbleiben. Im aufrechten Stand wird es im wahrsten Sinn immer wieder aus dem Gleichgewicht geworfen, da jede Bewegung des Kopfes zur Seite zu einer Versteifung der Gliedmaßen auf dieser Seite führt. Gleichmäßige, ruhige Augenbewegungen können derart beeinträchtigt sein, daß Augen, Kopf und Körper sich nicht unabhängig voneinander bewegen, sondern nur als Einheit funktionieren können, so daß sakkadische Augenbewegungen nur durch die Mitbewegung des Kopfes und / oder des Körpers möglich sind.

Das fortbestehende Vorhandensein des Asymmetrischen Tonischen Nackenreflexes beeinträchtigt auch die Etablierung einer eindeutigen Seitigkeit in den Hirnfunktionen (Gesell, Ames, 1947). Jede Aufgabe, die das Überqueren der Mittellinie verlangt, kann Schwierigkeiten bereiten (Bobath, 1975). Es ist möglich, daß sich ein dominantes Ohr und ein dominantes Sprachzentrum nicht vollständig entwickeln. Die Folge ist, daß das Kind bei rezeptiven und expressiven sprachlichen Aufgaben sprunghaft von der rechten zur linken Gehirnhälfte wechselt.

Sowohl die linke als auch die rechte Gehirnhälfte besitzen Sprachzentren, allerdings ist die linke Seite bei der Mehrheit der Menschen besser für diese Aufgabe ausgebildet. Die linke Gehirnhälfte ist auch für die Ausführung methodischer und folgerichtiger Aufgaben verantwortlich, während die rechte Gehirnhälfte für das Suchen (Scanning) und Zielen (Targeting) verantwortlich ist. Hat ein Kind einen unangepaßten Filtermechanismus, wird der Kortex mit einem Übermaß an Informationen bombardiert, die zu einem früheren Zeitpunkt des Empfangsprozesses hätten ausgesiebt werden sollen. Die Informationen sollten zum Teil kategorisiert im Kortex eintreffen, nachdem die nebensächlichen Informationen ausgefiltert wurden. Wenn dies ausgeblieben ist, wird die linke Gehirnhälfte massiv überfordert, da sie Aufgaben bewältigen muß, die schon zu einem früheren Zeitpunkt des Rezeptionsprozesses ausgeführt sein sollten. Die Informationsverarbeitung muß eventuell vom Sprachzentrum der rechten Gehirnhälfte übernommen werden. Dieses kann das Kind aber nicht so unmittelbar und auch nicht so flüssig anwenden wie das der linken Hälfte. Das Gehirn schaltet vielleicht konstant zwischen „rechten" und „linken" Funktionen hin und her. In Situationen, in denen zu viele Stimuli vorhanden sind, sind dann Rezepieren, Verarbeiten und Ausdrücken von Sprache keine automatischen Tätigkeiten. Ein betroffenes Kind erreicht viel zu schnell den Punkt, an dem es überlastet ist. Mit der Überlastung kommt die Verwirrung: Verwirrung führt zu Angst, die den Furchtlähmungsreflex auslösen kann. Wieder einmal ist das Kind unfähig, zu sprechen. Wenn wir zu unserer früheren DSM III-Definition des elektiven Mutismus zurückkehren, sieht die Interpretation im Zu-

sammenhang mit den Reflexen vielleicht ganz anders aus: „Sprachverweige-
rung" kann nun als „Sprachunfähigkeit" gelten; daß dies „z. B. in der
Schule" geschieht, kann nun so differenziert werden, daß es „vor allem in
der Schule" geschieht.

Das Kind empfindet die schulische Umgebung als verunsichernd, da es
nicht in ihr zurechtkommt. Außerdem erscheint nun seine Bereitschaft, mit
Gesten und Nicken zu kommunizieren, absolut verständlich.

Auch die begleitenden Merkmale verdienen es, genauer untersucht zu
werden. Der Furchtlähmungsreflex würde außergewöhnliche Schüchternheit, soziale Isolation und Rückzug bewirken, begleitet von Schulangst.
Zwanghafte Züge und Negativität stellen oft den Versuch dar, Ordnung und
Sicherheit in einer unsicheren und beängstigenden Welt zu schaffen. Obwohl diese Strategien in einer bestimmten Situation für das Individuum genau das Gegenteil des Gewünschten bewirken, bieten sie doch in einer Welt,
in der es keine sicheren Rahmenbedingungen gibt, eine zeitlich begrenzte
Sicherheit der Selbstbeherrschung, innerhalb derer man wirkungsvoll agieren kann. Sowohl in DSM III wie auch DSM IV werden „Wutausbrüche"
als weiteres Symptom aufgelistet – sie zeigen möglicherweise die zweite
Hälfte des Puzzles auf: Viel zu schnell kommt für ein solches Kind die sensorische Überladung.

Der Furchtlähmungsreflex ruft einen Zustand des Rückzugs und der
zeitweisen Lähmung hervor; der Moro-Reflex dagegen löst eine Überreaktion auf bestimmte Reize aus. Wo der Furchtlähmungsreflex auf der subkortikalen Ebene im System aktiv bleibt, bleibt auch der Moro-Reflex aktiv.
(Geschieht dies nicht, gibt es keinen „Sicherheitsmechanismus", der das Individuum aus dem Furchtlähmungsreflex „wachrüttelt". In extremen Fällen
führt dies zum Tod. Der plötzliche Kindstod ist ein Beispiel für diesen Zusammenhang.) Kinder, die in diesen Rückzugszustand entschwunden sind,
können aus diesem nur durch einen heftigen Wutausbruch, Tränen der Frustration oder durch Hyperaktivität wieder herauskommen. Wenn schließlich der Moro-Reflex ausgelöst wird, „erlöst" er das Kind aus seinem Lähmungszustand. Das Verhalten dieser Kinder ist das Resultat eines ungelö-
sten Konfliktes zweier widerstreitender Reflexe, die über das Alter von vier
Monaten hinaus nicht mehr vorhanden sein sollten.

Andere Formen des elektiven Mutismus können ebenfalls Teil dieses
Konfliktes sein. Das Individuum ist nicht in der Lage, seine Gefühle in
Worte zu fassen oder Begebenheiten mit traumatischem Inhalt wiederzuge-
ben. Die damit verbundenen Gefühle oder Empfindungen sind so überwäl-
tigend, daß der Einzelne in einem Schweigen eingesperrt ist, welches das
Gefühl einschließt und gleichzeitig einen Schritt auf dem Weg zum Schock

darstellt. Ein elfjähriges Mädchen fragte später: „Warum hast Du nicht ge-
merkt, daß ich dir, als ich so war, genau mitgeteilt habe, was ich sagen
wollte?" Für sie war die Stille lauter und vielsagender als alle Worte. In solchen Situationen sieht es so aus, als ob der „Kampf oder Flucht"-Mechanis-
mus zwar angesprochen, nicht aber ausgelöst worden wäre. Der Furchtlähmungsreflex hält solche Empfindungen gefangen, bevor der „Kampf oder
Flucht"-Mechanismus genutzt und die innere Erregung zerstreut werden
kann. Die ständige Wiederholung einer „Notfall"-Situation, ohne die Fähigkeit, sie zu beheben oder vor ihr wegzulaufen, kann zu Zuständen extremen Rückzugs (Hilflosigkeit) und Depression führen, wenn die aktivierten
Gefühle nach innen gerichtet, aber nicht aufgelöst werden. Menschen dieses
Typs werden die meisten Therapieformen als extrem bedrohlich empfinden,
da die einzige Lösungsmöglichkeit, die sie kennen, eine explosive ist – es ist
ein Mechanismus, den sie ständig bekämpfen müssen, um ihn zu kontrollieren.

Blythe (1971, 1976) fand heraus, daß die emotional regressive Phase des
hypnotischen Zustandes dann unterbrochen wird, wenn Sprache als Me-
dium eingebracht wird und vom Patienten erwartet wird, daß er während
der Regression spricht. Der Patient würde während des Sprachprozesses
den Kontakt zu seinen Gefühlen verlieren. Der elektive Mutismus wäre
dann zu verstehen als die andere Seite derselben Medaille: Die Sprache geht
verloren, sobald Körper- und Wahrnehmungsempfindungen zu groß werden.

Das *Institute for Neuro-Physiological Psychology* hat mit dem Programm
zur Reflexhemmung Erfolge bei einer kleinen Gruppe von Patienten mit
elektivem Mutismus erzielt. Das anfängliche Ziel war es, einen vorhandenen
Moro-Reflex so lange zu stimulieren, bis er in seiner stärksten Form vollständig präsent war. Dieses gibt dem Kind eine zweite Chance, den Moro-
Reflex zu benutzen – sowohl als Werkzeug zur Hemmung des Vorgängerre-
flexes, dem Furchtlähmungsreflex, als auch um dem Kind die vollständigen
Lösemechanismen zur Verfügung zu stellen, die es vielleicht nicht in einem
früheren Lebensstadium hatte nutzen können. Paradoxerweise lassen viele
Symptome der Überreaktion und der Überempfindlichkeit nach, sobald der
Moro-Reflex seine vollständige Präsenz erreicht, so als sei der Körper end-
lich in der Lage, seine instinktiven Möglichkeiten, auf Gefahr zu reagieren,
zu nutzen.

Brunnstrom (1962, 1970) kann vielleicht eine Erklärung für diesen Zusammenhang liefern: Als Physiotherapeutin unterstützte sie Kinder und Erwachsene mit schwerer Zerebralparese darin, sich so viel wie möglich zu bewegen. Sie löste primitive Bewegungsmuster aus, wie sie nach einer Schädi-

gung der Pyramidenbahn oder normalerweise beim Fötus vorhanden sind. Sie stellte fest, daß „ein Patient durchaus in der Lage sein kann, willkürliche Beuge- und Streckbewegungen auszuführen – einfach, indem er die bahnende Wirkung dieser primitiven Reflexmuster nutzt. Wenn ein Konflikt zwischen dem Willen und dem hemmenden Refleximpuls existiert, gewinnt der Wille nicht in jedem Fall die Oberhand." Am Ende stellte sich heraus, daß die Mehrzahl dieser Betroffenen deutliche vestibuläre Probleme haben.

Vestibuläre Stimulation scheint der offensichtliche Ansatzpunkt für eine Rehabilitation oder ein Förderprogramm zu sein. Bei der Anwendung des vom *Institute for Neuro-Physiological Psychology* entwickelten Programms konnte folgendes beobachtet werden: Beschäftigungstherapeuten, die das sensorische Integrationsprogramm nach A. Jean Ayres anwendeten, fanden heraus, daß einige Kinder, die vestibuläre Stimulation benötigen, diese entweder nicht ertragen oder nur begrenzt von ihr profitieren. Wo der Furchtlähmungsreflex und der Moro-Reflex nach wie vor vorhanden sind, ist es möglich, daß durch die vestibuläre Stimulation einer oder beide Reflexe aktiviert werden: Patienten empfinden die Behandlung dann entweder als erschreckend oder es werden schon existierende fehlerhafte Ausgleichsstrategien verstärkt. Es mag eine Verbesserung von Grobmotorik und Balance eintreten, ein Transfer auf das Lernverhalten ist jedoch nur selten zu beobachten. Wird die vestibuläre Stimulation allerdings nach der Hemmung des Furchtlähmungsreflexes und des Moro-Reflexes angewendet, ist das Individuum weniger empfindlich und das Programm viel wirkungsvoller. In diesem Fall geht eine Verbesserung der schulischen Leistungen damit einher.

Alles oben Gesagte weist darauf hin, daß es eine körperliche Grundlage für den elektiven Mutismus gibt. Es ist durchaus anzunehmen, daß sowohl Fälle von elektivem Mutismus als auch Fälle von traumatischem Mutismus das Ergebnis psychologischer Faktoren sein können, aber es gilt zu betonen, daß bei der Mehrheit dieser Fälle die psychologischen Faktoren nur zweitrangig sind. Wo bei einem Individuum sowohl der Furchtlähmungsreflex als auch der Moro-Reflex aktiv bleiben, bilden bestimmte soziale Situationen eine extreme Bedrohung. Eine solche extreme Bedrohung führt bei dem dafür empfänglichen Individuum zu Verletzlichkeit; diese Verletzlichkeit wird von Angst begleitet – Angst kann im Fall von „elektivem Mutismus" zu jedem Zeitpunkt frühkindliche Reflexe auslösen und so die Sprechorgane in bestimmten Situationen lahmlegen.

Meilensteine der Entwicklung:
Ein Plan fürs Überleben

(Ein Aufsatz von Sally Goddard, vorgelegt beim *Institute for Neuro-Physiological Psychology*, November 1990)

Die Meilensteine für unser Leben sind vielleicht schon lange vor unserem Eintritt in die Welt gelegt worden, aber jeder einzelne von ihnen sollte unsere sichere Ankunft aus der vorhergehenden Lebensstufe ankündigen, damit wir jede einzelne Stufe in soliden Blöcken aufeinander aufbauen können. Nicht jeder hat das Glück, jeden Meilenstein erreichen zu können. Ein kleiner Prozentsatz wird die Schwangerschaft nicht überleben. Ein weiterer Teil wird den Vorgang der Geburt als einen zu beschwerlichen Weg empfinden und während der Geburt oder kurze Zeit später sterben. Eine nächste Gruppe wird die Geburt und die ersten unsicheren Lebenstage überleben; diese Kinder haben aber vielleicht bereits von der Empfängnis an, während Schwangerschaft und Geburt zu kämpfen gehabt. Sie kommen allem Anschein nach ganz „normal" auf die Welt, in ihrem System sind jedoch Schwächen, die sie einer großen Anzahl geringfügiger Streßfaktoren gegenüber empfindlich sein läßt. Für diese Gruppe kann jeder Meilenstein des Lebens eine Bedrohung sein.

Blythe hat dies 1987 in einer Vorlesung so dargestellt, daß jede Stufe diejenigen Mängel im System betont, die das Individuum für eine ganze Reihe von Beschwerden anfällig macht, die vom plötzlichen Kindstod bis zur Unfähigkeit, im späteren Leben Streß zu bewältigen, reichen kann.

Auf diese spezielle Gruppe soll sich dieser Aufsatz konzentrieren, da angenommen wird, daß ihre Symptome direkt von einer Unreife im Zentralen Nervensystem (ZNS), der mit ihm verbundenen Nervenstränge und deren Zusammenspiel mit anderen Körpersystemen herrühren. Es werden noch drei weitere Systeme genau untersucht werden, um diese Annahme zu untermauern:

– Reflexsystem
– Vestibularapparat
– Formatio reticularis.

Jedes Kind, das auf die Welt kommt, sollte mit einer Grundausstattung von Reflexen geboren werden, die ihm das Überleben garantieren und das grundlegende Reflexsystem bilden. Ihre Entwicklung beginnt in der Gebärmutter, und sie sollten während der Schwangerschaft und im ersten Lebensjahr durch einen höheren Teil des Gehirns gehemmt und in bestimmten Fällen umgewandelt werden. Tritt dieses nicht ein, bleiben die Reflexe abweichend und bilden eine strukturelle Schwäche im Zentralen Nervensystem (ZNS). Das Entstehen und die Hemmung von Reflexen zum richtigen Zeitpunkt spielten eine wichtige Rolle bei der Myelinisation der Nerven und ist entscheidend dafür, wie mühelos und vollkommen der erwachsene Mensch auf allen Ebenen des Bewußtseins funktionieren kann.

Die „neurologische Uhr" beginnt vom Augenblick der Empfängnis an zu ticken und sollte damit das ganze Leben hindurch fortfahren. Bei einigen Menschen gerät die Uhr schon zu einem sehr frühen Zeitpunkt innerhalb der Entwicklung aus dem Takt. Obwohl diese Menschen diesen Verlust scheinbar ausgleichen und normal durchs Leben gehen, können sie in ihrer Fähigkeit behindert sein, auf bestimmten Gebieten leicht und reibungslos zu „funktionieren". Ihr Gehirn und ihr Körper arbeiten nicht immer in bestmöglicher Einheit. Die Dysfunktion mag fast nicht wahrnehmbar sein, so daß die Betroffenen Strategien benutzen, um das Problem zu überwinden; wenn aber die Streßfaktoren erheblich zunehmen, beginnen die Kompensationsmechanismen zu versagen, und die Schwäche wird manifest. Das kann zum ersten Mal im Kinderzimmer, im Klassenraum, auf dem Spielplatz oder auf dem Sportplatz geschehen, häufig aber auch erst viel später, wenn sich der Erwachsene bereits mit den komplexeren Rahmenbedingungen des Lebens zurechtfinden muß: Das können der Beruf, die Geburt eines Kindes oder auch die ganz allgemeinen Anforderungen des modernen Lebens sein.

Während der Mensch aufwächst, beteiligen sich immer mehr Systeme am schlecht funktionierenden Zusammenspiel der Kommunikation untereinander. Ein Beispiel: Das Zentrale Nervensystem (ZNS) leitet falsche Botschaften an den Hypothalamus und an das Hypophysensystem, das wiederum die Hormontätigkeit, Hunger und Sättigungsgefühl, die Kontrolle der Körpertemperatur, die Libido und Emotionen steuert – um nur einige zu nennen. Die Reflexstruktur bildet so das falsche Muster für ein komplexes Netz von Verbindungen und Kontakten von einem körpereigenen System zum anderen.

Die Ätiologie dieses Syndroms, die das *Institute for Neuro-Physiological Psychology (INPP)* in Chester, Großbritannien, als neurophysiologische Entwicklungsverzögerung bezeichnet, hat verschiedene Formen und ist oft unbestimmt. Die festgestellten Symptome reichen von Ungeschicklichkeit und Beidhändigkeit bis hin zu Lernschwierigkeiten und emotionalen Störungen. In 50 Prozent der Fälle können diese Symptome erblich bedingt sein und sich bis zu vier Generationen zurückverfolgen lassen. Nach Eustis (1947) handelt es sich um eine „Verlangsamung der neuromuskulären

Reifung, was auf eine verzögerte Myelinisation der motorischen und der damit verbundenen Nervenbahnen schließen läßt." Alles, was in der Folge erschwerend hinzu kommt, wie zum Beispiel vorgeburtliche Probleme, eine schwierige Geburt und Verletzungen oder Krankheiten während des ersten Lebensjahres, können eine schon bestehende Schwäche im Zentralen Nervensystem (ZNS) auslösen oder verstärken. Dies führt bei jedem anderen System, das mit dem ZNS interagiert, zu „Fehlzündungen" mit verschiedenen Abweichungsgraden.

Betrachten wir, auf welche Weise das Reflexsystem eine solche Basis bietet: Der Prozeß einer normalen Entwicklung ist von der Entstehung, Hemmung und in einigen Fällen auch von der Umwandlung frühkindlicher Reflexe abhängig, so daß in der Folge Halte- und Stellreflexe ausgelöst werden können, die das Kind für die fortschreitende Entwicklung vorbereiten. „Das Nervensystem lernt durch Tun (learning by doing)" (Gilfoyle, Grady, Moore), und die Reflextätigkeit unterstützt die fortgesetzte Bahnung neuronaler Verbindungen.

Bewegungsverhalten sollte das Ergebnis einer systematischen Zusammenarbeit von Gehirn und Körper sein mit dem Ziel, angemessen reagieren, agieren und sich ausdrücken zu können. Informationen sollten mittels der efferenten und afferenten Systeme vom Gehirn an den Körper und wieder zurück geleitet werden. Wird dieser Weg auf irgendeine Weise unterbrochen, können davon abhängige motorische und sensorische Funktionen gestört werden, die Weiterleitung von Botschaften von einem Körpersystem zum anderen wird verändert; ebenso werden Wahrnehmungen und deren Umwandlung von sensorischer Empfindung in Gedanken, Sprache, Gefühle und sogar die Fähigkeit, mit dieser sensorischen Erfahrung umzugehen, verzerrt.

Es ist so, als ob das verarbeitende oder filternde System im Gehirn nicht in der Lage ist, mit der Informationsfülle umzugehen, und deshalb Informationen auf einer sehr groben Ebene „herausschneidet". Es wird mit widerstreitenden sensorischen Reizen bombardiert, die es nicht unmittelbar einordnen kann, und wird deshalb viel zu schnell überladen.

Der erste Bereich sensorischer Reaktion im Mutterleib ist die taktile Reaktion; das Vorhandensein dieser Reaktion läßt sich an dem frühkindlichen Rückzugsreflex beobachten, der fünf bis sieben Wochen nach der Empfängnis zum ersten Mal auftaucht. Frühe Vermeidungsreflexe – von denen Gilfoyle, Grady, Moore sagen, daß in den ersten wenigen Wochen nach der Empfängnis zahlreiche existieren – bilden die Grundlage einer sich entwickelnden Reflexstruktur. Capute (1986) erläutert, daß diese sehr frühen Reflexe sich im Mutterleib entwickeln und auch im Mutterleib gehemmt werden sollten: Sie sollen in dieser Zeit durch höhere Zentren im System der fötalen Entwicklung kontrolliert werden, bevor sich spätere Reflexe im Mutterleib vollständig entwickeln können.

Wenn neun Wochen nach der Empfängnis alle Rückzugsreflexe unter Kontrolle sind, sollte der Moro-Reflex beginnen, aktiv zu werden. Sowohl das vestibuläre System wie auch das Kleinhirn entwickeln sich zu dieser Zeit. Nehmen wir an, daß während dieser dynamischen Stufe in der Entwicklung – entweder als Ergebnis einer fehlerhaften genetischen Programmierung oder einer Anomalie innerhalb oder außerhalb des Uterus – unbemerkt etwas „aus dem Ruder gerät". Die Rückzugsreflexe bleiben aktiv, statt durch den sich entwickelnden Moro-Reflex nach neun bis zwölf Wochen gehemmt zu werden. Daraufhin entwickelt sich der Moro-Reflex selbst nur unvollständig. Nachfolgende Reflexe entstehen und erfüllen ihre Funktionen in einem gewissen Grad; sie bleiben jedoch im System „eingeschlossen". Dadurch helfen sie weder dem Embryo vollständig durch jede Entwicklungsstufe, noch werden sie zum angebrachten Zeitpunkt vollständig gehemmt.

Da sie nicht zwangsläufig in ihrer ursprünglichen Form weiterbestehen, bleiben diese Reflexe unentdeckt, und die betroffene Person gilt medizinisch als „normal". Es besteht jedoch eine grundlegende Schwäche im System, die später auf einer bewußten Ebene ihren Preis fordern wird, wenn für Aufgaben, die automatisch bewältigt werden sollten, übermäßige Anstrengung notwendig ist.

Das Reflexsystem ist in einer Reihenfolge aufgebaut, in der jedem Reflex sowohl eine fördernde, bahnende wie auch eine hemmende Rolle in der Reflexkette zukommt. Zum Beispiel ist der Landau-Reflex bei der Hemmung des Tonischen Labyrinthreflexes behilflich. Capute hat vorgeschlagen, den Symmetrischen Tonischen Nackenreflex als Teil im Umformungsprozeß des Tonischen Labyrinthreflexes zu betrachten. Somit ist eine richtige Abfolge von Anfang an eine wichtige Voraussetzung sowohl für die Entwicklung des Zentralen Nervensystems, als auch für die Entwicklung der Motorik, der Wahrnehmung, der Kognition und der Emotionen. Jeder Reflex beeinflußt einen spezifischen Funktionsbereich, so daß unterschiedliche Verkettungen abweichender Reflexe unterschiedliche Erscheinungsbilder, Problemlagen und Charakterbilder zur Folge haben.

Die Frage, die sich hier stellt, ist folgende: Wie können drei der frühesten Reflexe das spätere richtige Funktionieren beeinträchtigen und andere Systeme des Körpers stören, wenn sie in der Kette „eingeschlossen" bleiben?

Der Rückzugsreflex, der fünf bis sieben Wochen nach der Empfängnis auftritt, stellt sich zuerst als eine schnelle, amöbenartige Rückzugsbewegung des gesamten Organismus als Reaktion auf eine Berührung der Mundregion dar. Ein paar Tage später wendet sich der Kopf vom Reiz weg, und am Ende der zwölften Woche schließen sich als zusätzliche Reaktion die Augen ganz fest.

Es ist darauf hingewiesen worden (Goddard, 1989), daß diese frühen Rückzugsreflexe als die früheste Form des Furchtlähmungsreflexes angesehen werden können. Im Detail wird er bei Kaada (1986) als bedeutender Faktor beim plötzlichen Kindstod beschrieben. Ein wichtiges Charakteristikum ist laut Kaada, daß der Säugling wie ein „verängstigtes Kaninchen" reagiert, das an dem Punkt erstarrt, an dem es die Erfahrung plötzlicher, überwältigender Angst macht. Kaada beschreibt die typischen Merkmale beginnend mit einer unmittelbaren Bewegungslähmung, begleitet von Atemstillstand bei der Ausatmung, einer verringerten Muskelspannung, einem Fehlen von Reaktionen auf äußere Reize, der Aktivierung eines schmerzunterdrückenden Mechanismus und einem verlangsamten Herzschlag mit peripherer Gefäßverengung. Der Reflex kann auch von einem Anstieg des Pulses und des systolischen Druckes in Verbindung mit Muskelschwäche begleitet sein. Diese Symptome stellen eine Fehlreaktion auf Situationen dar, denen das Individuum nicht gewachsen ist.

Der Moro-Reflex wird auch als „erste frühkindliche Schreckreaktion" bezeichnet (Bennett, 1988). Er sollte mit drei Monaten nach der Geburt gehemmt sein und dann in den reifen Schreck- oder Strauß-Reflex umgewandelt werden. Er ist auch als der Auslöser des „Kampf oder Flucht"-Mechanismus beschrieben worden, denn seine Aktivierung stimuliert das sympathische Nervensystem, um es auf die vermeintlich lebensbedrohliche Situation vorzubereiten. Der Moro-Reflex verlangt eine unmittelbare Reflexantwort, ganz egal, ob die drohende Gefahr echt oder eingebildet ist. Bennett stellte fest, daß seine Präsenz über das Alter von drei Monaten hinaus einen bedeutenden Faktor bei Angstzuständen darstellt, da das Individuum für geringe Reize weiterhin überempfindlich bleibt und der Moro-Reflex ständig überschießende Reflexantworten fordert. Bevor der Kortex Zeit hat, die Gefahrenquelle zu erkennen und eine rationale Antwort darauf zu finden, schaltet das limbische System hier auf „Notfall".

Beim Neugeborenen erscheint der Moro-Reflex als heftige, belastende Reaktion. Arme und Beine strecken sich krampfartig aus, erstarren für Sekunden, und bewegen sich dann vom Körper weg (Abduktion). Während sich die Gliedmaßen nach außen bewegen, wird der Kopf nach hinten geworfen, und es folgt ein heftiges Einatmen als Vorbereitung auf den lebensrettenden Schrei. Bleibt dieser Reflex über das Alter von drei bis vier Monaten hinaus bestehen, wird er je nach seiner Stärke Hypersensitivität und eine

Neigung zu Überreaktionen verursachen, je nachdem, wie stark er noch ausgeprägt ist. Bleibt er in diesen ersten Lebensmonaten nur rudimentär bestehen, können die Auswirkungen ganz unterschiedlich aussehen. Der Reflex mag insgesamt schwach ausgebildet, der zweite Teil des Reflexes unterentwickelt sein oder sogar ganz fehlen. In diesem Fall kann trotz des intensiven Einatmens die folgende Adduktion der Arme und das Lösen des Atmens nicht stattfinden. Dies würde beim Ausatmen zum Atemstillstand führen, so daß die Atmung einzufrieren scheint und das Baby seinen Hilfeschrei nie ausstoßen kann. Das Baby ist in diesem Zustand wie gefangen – dies ist ein möglicher Rest des Furchtlähmungsreflexes. Die Erfahrung ist der des „trockenen Ertrinkens" nicht unähnlich, die auftreten kann, wenn jemand unerwartet in extrem kaltes Wasser geworfen wird: Der Körper „verschließt" sich im Kälteschock, so daß es unmöglich wird, die Lungen zu dehnen oder zusammenzuziehen, um entweder ein- oder auszuatmen. Innerhalb sehr kurzer Zeit ist es möglich, auf diese Weise zu ertrinken, ohne daß auch nur ein Tropfen Wasser in die Lungen eingedrungen ist.

Cottrell (1987) interessierte sich für die Beziehung zwischen Asthma und dem Fortbestehen des Moro-Reflexes. Er stellte fest:

„Alle frühkindlichen Reflexe benötigen Kompensationsmechanismen höherer Gehirnzentren. Der Moro fordert als Schreckreflex eine absolut vorrangige Stellung ein. Die erwachsene Version der „Kampf oder Flucht"-Reaktion ist komplizierter; ihr wird, wann immer es möglich ist, vom Körper Priorität erteilt. Dazu sind mehrere verschiedene Arten der Kompensation nötig. Zunächst einmal müssen die normalen Mechanismen zur Kontrolle der Muskelreaktionen wieder hergestellt werden. Zweitens muß als Reaktion auf jede bedrohliche Situation Adrenalin ausgeschüttet werden. Dies geschieht durch ein Herabsetzen der Reizschwelle – das Ergebnis ist ein sehr verängstigtes Individuum, das überempfindlich ist und in jeder bedrohlichen Situation überreagiert.

Wo ein rudimentärer oder beibehaltener Moro-Reflex aktiv ist, wird die Entwicklung des CO_2-Reflexes verhindert. Die Kombination des fehlenden Kohlendioxyds und der Notwendigkeit, das tiefe Einatmen zu verhindern, führt zu einer flachen Atmung in den Lungenspitzen und oft auch zu Hyperventilation. Letztere ist ein wichtiger Vorbote von Panik."

Cottrells Beobachtungen berühren drei wichtige Bereiche: Die Atmungs-
funktion, die rigide Kontrolle des Muskeltonus und den Ausstoß von Adrenalin. Jeder einzelne dieser Faktoren spielt eine wichtige auslösende
und / oder unterstützende Rolle bei der Auslösung von Panikzuständen und
einer Anzahl anderer Phänomene, für die es keine angemessene pathologi-
sche Ursache zu geben scheint und die daher als „psychosomatische Krankheiten" angesehen werden. Gold (1986) hat einen Aspekt beschrieben:

„Wenn der Kortex des Kindes den Zustand der Überladung erreicht, sendet er Botschaften an die Neben-
nierendrüse und die Hypophyse. Diese können nichts
tun, als das Signal zu registrieren und ihre Chemika-
lien auszustoßen. Jedesmal, wenn sie dieses Signal
empfangen, geben die Nebennierendrüsen Adrenalin
und Kortisol ab. Das führt ziemlich schnell zum Ermüden der Nebennieren. In der Folge zeigen sich Allergien zusammen mit psychosomatischen Krankheiten, Kopfschmerzen, Migräneanfällen, Dickdarmpro-
blemen und erhöhtem Blutdruck. Ein weiteres Symptom ist Heuschnupfen."

Odent (1984) beschreibt einen Teil dieses Syndroms auf andere Weise. Er
führt Laborits Konzept der „Handlungshemmung" (1952) weiter aus. Der
genannte Begriff beschreibt ein im wesentlichen unterwürfiges Verhaltensmuster als direktes Ergebnis einer Unfähigkeit, auf eine streßbeladene Situation entweder mit Kampf oder mit Flucht zu reagieren. In Experimenten
mit Ratten konnte Laborit nachweisen, daß hoher Blutdruck die Folge eben
solcher Situationen anhaltender Frustration war. Odents Studien über Hormone bestätigen Laborits Theorie:

„Die Handlungshemmung führt zur Absonderung
von Noradrenalin und Kortisol; Kortisol wirkt akti-
onshemmend; das Ergebnis ist ein Teufelskreis. (…)
Noradrenalin zieht die Blutgefäße zusammen, beschleunigt den Herzschlag und läßt den Blutdruck ansteigen. Kortisol hat viele verschiedene Langzeitwirkungen, so zum Beispiel die Schwächung des Immun-
systems und die Zerstörung der Thymusdrüse."

Odent sieht eine Verbindung zwischen anhaltenden hormonellen Reaktionen und pathogenen Situationen dieser Art als bedeutende Faktoren in der Ätiologie psychosomatischer Krankheiten. Deshalb ist es von Interesse, daß sowohl die Rückzugsreflexe als auch der Moro-Reflex direkten Einfluß auf diese Reaktionsmuster ausüben.

Der dritte Reflex, der hier näher betrachtet werden soll und der eine führende Rolle im Zusammenspiel der Körpersysteme spielt, ist der Tonische Labyrinthreflex. Es wird angenommen, daß dieser Reflex ebenfalls in erkennbarer Form gegen Ende des ersten Schwangerschaftsdrittels auftaucht. Capute (1986) schlägt vor, den Flexus habitus selbst als eine Manifestation des Tonischen Labyrinthreflexes vorwärts anzusehen; der Tonische Labyrinthreflex rückwärts sei jedoch erst dann vollständig aktiviert, wenn der Kopf des Babys vor dem Eintreten in den Geburtskanal in die Streckung geht (Machover, 1990).

Dies mag ein Grund dafür sein, warum allgemein angenommen wird, daß der vollständige Reflex (vorwärts und rückwärts) erst nach der Geburt vorhanden ist. Der Tonische Labyrinthreflex ist die einzige Möglichkeit des Babys, auf die Schwerkraft zu reagieren, und ist in seiner primitiven Form normalerweise bis einschließlich zum dritten Lebensmonat vorhanden. Wenn das Baby auf dem Rücken liegt und sein Rumpf gestützt wird, kann der Reflex durch das Fallenlassen des Kopfes unter die Mittellinie ausgelöst werden. Dies führt zu einem Ausstrecken der Arme und Beine. Wird der Kopf dann nach vorne und über die Mittellinie gebracht, beginnt das Baby, sich in Embryonalhaltung zusammenzurollen. Ist der Reflex beim Übergang ins Kleinkindalter noch aktiv, werden die Kopfstellreflexe gestört, die für das Sitzen und Stehen von großer Bedeutung sind. In der aufrechten Position wird die Balance beeinträchtigt. Jede Bewegung des Kopfes zu weit nach vorn oder hinten wird entweder zu einer reflexhaften Beugung oder Streckung der Gliedmaßen führen. Diese Bewegungen können dann nur durch bewußte muskuläre Anstrengung und in direktem Widerstreit mit der Reflexantwort beherrscht werden.

Was geschieht, wenn wir versuchen, in direktem Gegensatz zu einer normalen Reflexreaktion zu handeln? Stellen Sie sich vor, Sie haben einen siedend heißen Kessel berührt. Die unmittelbare natürliche Reaktion wäre, die Hand so schnell wie möglich zurückzuziehen. Was passiert aber, wenn Sie absichtlich entgegen des Reflexes handeln? Das Ergebnis ist ganz offensichtlich: Sie verbrennen sich die Hand. Und wie reagiert der Körper sonst? Die Atmung verändert sich, der Herzschlag beschleunigt sich, und alle Muskeln verhärten sich, so als ob der Körper sich gegen die natürliche Reaktion „verpanzert". Wenn Sie dem Reflex schließlich „nachgeben", folgt

Erleichterung, ein Gefühl der Ermüdung und vielleicht nur eine geringe
Ahnung dessen, was sich in Ihrer unmittelbaren Umgebung abgespielt hat,
während Sie den Reflex bekämpft haben.

Menschen mit einer Häufung abweichender Reflexe müssen dieses Ri-
tual in jedem Moment ihres wachen Lebens durchführen, damit sie normal
funktionieren können. Im Extremfall haben sie nur die Wahl zwischen zwei
Alternativen: Die Flucht nach vorn in die Hyperaktivität als Mittel, das System am Laufen zu halten, oder Rückzug in einem oder in mehreren Le-
bensbereichen, um die schwierigsten oder empfindlichsten Situationen zu
vermeiden.

Der Tonische Labyrinthreflex übt auch direkten Einfluß auf das Labyrinth aus. Das Labyrinth ist ein komplexes Organ zur Erhaltung des Gleichgewichts, das durch die Bewegung von Flüssigkeit in den drei Bogengängen
ganz ähnlich wie eine Wasserwaage funktioniert, indem es spezielle Nerven
aktiviert, welche die Signale jeder Bewegung des Kopfes an das Gehirn
übermitteln. Der Vestibularapparat stellt daraufhin Änderungen der Richtung und der Position des Kopfes im Raum fest, besonders bei Beginn und
zum Ende dieser Bewegungen. Er registriert ebenfalls den Grad, in dem der
Kopf vorwärts, rückwärts oder zur Seite geneigt wird, wie auch die Bewegungen des Kopfes bei geradliniger Bewegung des ganzen Körpers.

Nach Odent ist es vor allem das vestibuläre Organ, welches die Orientierung des Fötus im Mutterleib dirigiert. Er gibt zu bedenken, daß die fehlerhafte Funktion dieses Organs der Grund für eine Steiß- oder Schulterlage
bei der Geburt sein kann. Informationen aus dem Vestibularapparat werden
mit denen anderer sensorischer Kanäle kombiniert. Das vestibuläre System
steuert sowohl vor wie auch nach der Geburt die Wahrnehmung und Ver-
stärkung des Körperschemas, ebenso die Kinästhesie – den Sinn, der Aus-
kunft gibt über Bewegung und Lage des eigenen Körpers im Raum. Bleibt
ein starker Tonischer Labyrinthreflex aktiv, wird das Gleichgewicht ständig
„über den Haufen" geworfen. Botschaften, die der Vestibularapparat empfängt, sind ungenau und uneindeutig. Der Kortex hat dann Detektivarbeit
zu leisten, da er herausfinden muß, welche Botschaften von Bedeutung und
welche unbedeutend sind.

Ein Beispiel für die Aktivität des Kortex kann in Fällen von Hörverzögerung bzw. -verwirrung beobachtet werden. Das Ohr fungiert nicht nur als
Sammelorgan für lautliche Reize, sondern auch für solche Reize, die für die
Koordination des vestibulären Teils des Labyrinths verantwortlich sind (Tomatis, 1980). Wenn das vestibuläre System als Ergebnis abweichender Reflextätigkeit widerstreitende Botschaften aus anderen sensorischen Kanälen
erhält, so beeinträchtigt dies seine Verarbeitungsfähigkeiten, Geräuschbot-

schaften in das sprachverarbeitende Zentrum des Kortex weiterzuleiten. Ähnliches kann bei autistischen Kindern beobachtet werden, die nicht in der Lage sind, auf Kommunikation über den auditiven Kanal zu reagieren, obwohl es keinen Hinweis auf Hörverlust gibt. Diese Kinder können sich in einem derartig gesteigerten Zustand innerer Erregung und Aufgeregtheit befinden, daß sie ein ganzes System von ihrem Bewußtsein abspalten müssen.

Die Aktivierung des Tonischen Labyrinthreflexes betrifft sowohl den Vestibularapparat wie auch die Formatio reticularis. Die Formatio reticularis ist von ihrer Erscheinung her netzförmig und befindet sich im zentralen Teil des Hirnstamms. Sie ist die Basis für Wachheit und Bewußtsein, indem sie Botschaften an den zerebralen Kortex und die afferenten Bahnen schickt, um das Gehirn in einen Zustand der Bewußtheit zu versetzen. Die afferenten Bahnen haben eine anregende Funktion, während die efferenten Bahnen über den Tractus reticulospinalis auf die Ansammlung von Neuronen einwirken. Der bahnende Teil „feuert" spontan, der hemmende Teil jedoch, der eine sedierende Wirkung hat, ist auf die Basalganglien, das Kleinhirn und den Kortex angewiesen. Merck (1987) schreibt, daß „der Wachzustand die augenblickliche Interaktion zwischen den kognitiven Funktionen der zerebralen Hemisphären und den Aktivierungsmechanismen der Formatio reticularis verlangt".

Falls die Formatio reticularis nicht angemessen arbeitet, kann dies zu Bewußtlosigkeit führen. Innerhalb der Formatio reticularis finden sich Bereiche, die das Herz-Kreislauf-System, die Atemwege, die endokrinen Systeme sowie den Magen-Darm-Trakt regulieren. Auch Empfindungen können über das limbische System und den Hypothalamus in ihr Einflußgebiet geraten. Brain (1987) vermutet, daß Epilepsie ein Ergebnis einer „Fehlfeuerung" der Formatio reticularis sein kann, deren Ursprung in einer Unreife des Zentralen Nervensystems zu suchen ist, die die Krampfschwelle herabsetzt.

Auf diesem Hintergrund läßt sich ein Schema einsetzen, in dem dargestellt wird, wie eine Fehlfeuerung im Hirnstamm als direktes Ergebnis abweichender Reflexe entweder eine extreme Übererregung (Hyperaktivität) oder eine Unterstimulation (das Abschalten einer oder mehrerer sensorischer Kanäle bis zur völligen Bewußtlosigkeit) zur Folge hat. Mit anderen Worten: Die Filtermechanismen erfüllen ihre Aufgabe nicht. Anstatt unbedeutende Informationen und Reize auszusortieren und zu verwerfen, ermöglicht es allen Reizen, in höhere Gehirnzentren vorzudringen. Dies erhöht entweder den Zustand der Erregung bis zu einem anormalen Grad oder es schließt die Wahrnehmungspforte so fest zu, daß das System vorübergehend „stillgelegt" ist.

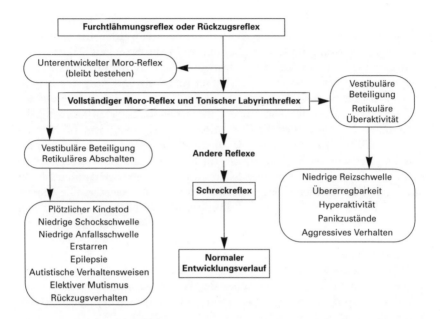

Unter welchen Umständen kommt es zu einem solchen „Stillegen"? Epilepsie kann einer sein: In diesem Fall ist die Anfallsschwelle aufgrund einer Unreife innerhalb des Zentralen Nervensystems niedrig. Fay (1942) ging sogar
so weit, einen Epilepsieanfall als „Verteidigungsreflex" zu bezeichnen, der
durch Krampfanfälle versucht, einen günstigen körperlichen Zustand bzw.
das innere Gleichgewicht wiederherzustellen. Natürlich gibt es verschiedene Arten und Abstufungen von Anfällen, von denen nicht alle als „epilep-
tisch" eingestuft werden können.

An dieser Stelle möchte ich gern einen weiteren Blick darauf werfen, wie
„anfallartige" Episoden aus Rückzugsreflexen resultieren können, die in der
Reflexkette des Nervensystems aktiv geblieben sind. Das Ergebnis wäre
eine unangemessene Interaktion zwischen vestibulärem System, retikulä-
rem Aktivierungssystem und dem Kleinhirn mit der Folge einer Störung
der Aktivierungsmechanismen.

Southall, Samuels und Talbert (1990) untersuchten in einer Studie die
Häufigkeit zyanotischer Zustände bei Babys, die sie für potentielle Opfer
des plötzliches Kindstodes hielten, und Babys, die tatsächlich an plötzli-
chem Kindstod gestorben waren. Viele Symptome, die sie in dieser Studie
beschreiben, weisen bemerkenswerte Ähnlichkeiten mit den Merkmalen des
Furchtlähmungsreflexes (Kaada 1986) und den anfallsähnlichen Schüben bei

Erwachsenen auf, für die sich keine angemessene medizinische Erklärung finden läßt. Eine Reihe von Tests (zur Erkennung von Diabetes, Hypoglykämie, Epilepsie, Schilddrüsendysfunktionen und sogar von Tumoren) wurden bei diesen Personen durchgeführt, doch waren die Ergebnisse in keinem Fall positiv.

Southall, Samuels und Talbert beschreiben zyanotische Schübe, die im durchschnittlichen Alter von sieben Wochen auftraten. Zu diesem Zeitpunkt sollte auch der Moro-Reflex den Höhepunkt seiner Entwicklung erreicht haben. Sie stellten fest, daß der häufigste Auslöser ein plötzlicher, natürlich auftretender Reiz war – zum Beispiel Schmerz, Angst, Wut, am häufigsten aber ein plötzlicher Schreck. In ihrer Studie fanden sie keinen Anhaltspunkt für eine tatsächliche Krampfaktivität; häufiger traten Schübe auf, wenn das Kind müde war (herabgesetzte Fähigkeit, die Schwäche zu kompensieren), wenn das Kind zu Hause einem hohen Maß emotionaler Spannungen ausgesetzt war oder wenn der gewohnte Tagesablauf des Kindes gestört wurde. Infektionen, vor allem Atemwegsinfektionen, steigerten außerdem die Häufigkeit und Schwere der Anfälle.

Die Schübe begannen im allgemeinen mit einer Reihe von Versuchen zu schreien, ohne vorher eingeatmet zu haben, und das mit weit geöffnetem Mund. Falls das Kind schreien konnte, war es unwahrscheinlich, daß sich der Anfall weiter entwickelte. Fing das Kind nicht zu schreien an, folgte binnen 30 Sekunden die Bewußtlosigkeit, die entweder von einem Opisthotonus (krankhafte starre Rückwärtsbeugung der Wirbelsäule und des Kopfes), von tonischen Krämpfen oder auch von beiden Phänomenen begleitet war. Zu Beginn des Schubes stieg die Herzfrequenz auf über 170 Schläge pro Minute an, um dann auf unter 80 Schläge pro Minute zu fallen, mit fortschreitender Verlangsamung des Herzschlages. Untersuchen wir nun, wie sich diese Symptome mit Kaadas Beschreibung des Furchtlähmungsreflexes in Verbindung bringen lassen, den wir zuvor beschrieben haben. Kaada bezeichnet ihn als „Reflex, der im gesamten Tierreich zu finden ist und als Ergebnis extremer Angst vorübergehend aus der kortikalen Kontrolle entlassen wird". Eine Begleiterscheinung ist Bradykardie (verlangsamter Herzschlag), ein nichthemmendes Phänomen, das die übliche Endstation auf dem Weg zum Schock darstellt. Der aktivierte Reflex hinterläßt keine Spuren im Organismus, so daß keine offensichtliche Ursache für den Atemstillstand und das Einstellen der Lungenfunktion festgestellt werden kann. Bleibt der Furchtlähmungsreflex auf der subkortikalen Ebene aktiv, kann der Moro-Reflex die Atemwege nicht im Moment der extremen Krise öffnen oder das Ausatmen ermöglichen. Zusammen mit der erhöhten Schockanfälligkeit können die Resultate fatal sein. Southall, Samuels und Talbert verweisen hier auf das Vorhandensein einer eindeutigen Verbindung zwischen Schäden am Hirnstamm, damit verbundenen Störungen des Atmungsapparates, den Zentren, die den vaso-motorischen Lungendruck steuern, und der Verarbeitung von Reflexen in den Lungengefäßen. Somit kann eine Fehlfeuerung im Hirnstamm, ausgelöst durch Reflexe, die Einfluß auf die Atmung, den Blutkreislauf und den Grad der Wachheit haben, für eine ganze Anzahl verschiedener Verhaltensweisen verantwortlich sein. Ein Mangel an Wachheit bzw. Bewußtheit kann nicht das Ergebnis von Hyposensitivität, sondern im Gegenteil von Hypersensitivität sein, bei der die Toleranzschwelle gegenüber äußeren Reizen abnorm niedrig ist. In solchen Fällen kann eine leichte Berührung schmerzhaft sein und eine Vielzahl körperlicher Empfindungen werden eher als Qual, denn als Beruhigung oder Genuß wahrgenommen.

Bestimmte autistische Verhaltensweisen lassen sich mit einer solchen sensorischen Überladung erklären. Viele autistische Kinder finden das Gefühl von Kleidung auf der Haut unerträglich, ziehen ihre Schuhe und Socken aus, wann immer sich eine Gelegenheit bietet. Viele dieser Kinder sind übermäßig kitzlig und können schon so alltägliche Berührungen wie das Abgetrocknetwerden mit einem Handtuch nicht ertragen. Auch das Essen kann Probleme bereiten, da diese Kinder entweder sehr weiche Speisen oder solche, die kräftig gekaut werden müssen, verabscheuen und deswegen auf einer eng begrenzten, sich ständig wiederholenden Nahrung bestehen.

Es gibt Beobachtungen (O'Reilly, 1989), die belegen, daß diese Kinder nach einem kraftvollen körperlichen Training aufnahmebereiter und an ihrer Umwelt interessierter sind und daß einige ihrer autistischen Symptome während Episoden, in denen sie an Durchfall oder Erbrechen litten oder länger fasteten, nachließen, oder – waren sie außerdem epilepsiekrank – auch nach epileptischen Anfällen. Es ist, als versuchten sie auf künstliche Weise, die Erregungsmechanismen, die sie benötigen, um zu „funktionieren", künstlich anzukurbeln und ihre Leistung auf einem höheren Level zu halten.

Es ist schon lange bekannt, daß sowohl ausdauernde Bewegung wie auch das Fasten zu leicht euphorischen Zuständen führen. Durchfall und Erbrechen verändern die Körperchemie, indem sie eine erhöhte Insulinkonzentration im Blut hinterlassen, so wie der Körper auch sonst auf jede Nahrungsaufnahme mit Insulinausschüttung reagiert. Unter normalen Bedingungen wird Nahrung aufgenommen und zu Glukose umgewandelt, aus der der Körper dann Energie gewinnt, worauf der Blutzuckerspiegel allmählich sinkt. Nach ausgiebiger und anstrengender Bewegung oder nach Anfällen von Brechreiz oder Durchfall bleibt eine zu hohe Insulinkonzentration im Blut zurück, da der Blutzuckerspiegel in diesen Fällen viel schneller absinkt.

Das Fallen des Blutzuckerspiegels regt die Nebennieren an, deren Hormone den gegenteiligen Effekt von Insulin haben. Diese Hormone gelangen durch das Blut in die Leber, wo sie die Umwandlung von gespeichertem Glykogen in Glukose ermöglichen und so die Wirkung des Insulins ausbalancieren. So wird bei normaler Gesundheit ein optimaler Blutzuckerspiegel aufrechterhalten.

Adrenalin, von Nebennieren ausgeschüttet, sollte eine ähnliche „ausgleichende" Wirkung haben; sein größerer Nutzen liegt jedoch woanders: Es bildet einen Teil des körpereigenen Notfallsystems, das einen schnellen Glukoseausstoß bewirkt, um schnell für Energie zu sorgen. Gleichzeitig stürzt er das Individuum aber auch in einen Zustand übersteigerter Wachheit und übersteigerter Reaktionsfähigkeit, ein Zustand künstlich herbeigeführter hormoneller Erregung. Bestimmte Fälle von Anorexie und Bulimie sind möglicherweise Teil dieses Teufelskreises. Streß allein kann dramatische Schwankungen des Blutzuckerspiegels bewirken: Emotionale Belastungen lassen ihn ansteigen, um die Krise zu bewältigen. Diesem Anstieg begegnet der Körper mit erhöhter Insulinausschüttung, was in der Folge zu einem Fallen des Blutzuckerspiegels führt – ein weiterer Teufelskreis wird in Gang gesetzt.

Im extremsten Fall kann die fortdauernde Präsenz der Rückzugsreflexe zum Tod oder zur Bewußtlosigkeit führen; es sind aber auch andere Phänomene möglich. Die Rückzugsreflexe können auf einem niedrigen Level in der Reflexkette aktiv bleiben. Der Moro-Reflex wird sich entwickeln und für eine gewisse Zeit funktionieren, auf Dauer aber keine Oberhand über die Rückzugsreflexe bekommen. Beide bleiben dann über den Zeitpunkt ihrer natürlichen Hemmung hinaus im System aktiv und ringen nun beide um die Vorherrschaft.

Unter gewissen Umständen können beide Reflexe durch bewußte Kontrolle beherrscht werden, und das Individuum kann vernünftig und angemessen reagieren. Ändern sich diese Umstände allein schon durch Müdigkeit, so kann eine bestimmte Situation den Moro-Reflex provozieren und eine Überreaktion herbeiführen. Bei anderer Gelegenheit behaupten die Rückzugsreflexe die Vormacht, und das Individuum sieht sich nicht in der Lage, überhaupt zu reagieren. Ein Beispiel für diese Wechselwirkung von Reflex und Kontrolle kann in Fällen von sogenanntem elektiven Mutismus (selbstgewählte Stummheit) beobachtet werden. Ein Kind mag in einer bestimmten Umgebung, meist der familiären, gesprächig und redegewandt sein; wenn es aber in eine weniger vertraute oder weniger sichere Umgebung versetzt wird, weigert es sich möglicherweise, auf jegliche Form der Kommunikation verbal zu reagieren. Beide Begriffe – sowohl „elektiver

Mutismus" wie auch die „Weigerung, zu reagieren" deuten an, daß das Kind aus eigener Entscheidung in diesen Situationen stumm bleibt. Es ist allerdings viel wahrscheinlicher, daß es in diesen Situationen nicht sprechen *kann.*

Nehmen wir einen hypothetischen Fall und untersuchen, wie ein Reflexprofil unter bestimmten Bedingungen den Mechanismus des Sprechens behindern kann: Ein Kind erreicht das Alter von sieben Jahren mit folgendem Reflexprofil: einem rudimentären Moro-Reflex, einem rudimentären Asymmetrischen Tonischen Nackenreflex und einem praktisch beibehaltenen Tonischen Labyrinthreflex. Es reagiert überempfindlich auf Geräusche und Berührung, sein Gleichgewicht ist instabil, und seine Kopfstellreflexe sind unterentwickelt, was sein räumliches Bewußtsein und seine Orientierungsfähigkeit beeinträchtigt. Dieses Kind ist stimulusgebunden, und seine Augen funktionieren nicht immer so, wie sie sollten.

Jeden Tag, wenn es zur Schule geht, setzt dieses Kind sich einer Umgebung aus, die im besten Fall vor Geräuschen, Bewegungen und Aktivität brummt. Im schlimmsten Fall erlebt es diese Umgebung als Konglomerat einzelner Geräusche, die vor dem Hintergrund ununterbrochener diffuser Nebengeräusche an- und abschwellen. Es kann aus diesem vielfältigen Gemisch aus Lärm und Bewegung nicht sofort unterscheiden, kategorisieren und ausfiltern, was relevant ist, denn es verfügt entweder gar nicht oder nur sehr eingeschränkt über einen automatisch arbeitenden Filtermechanismus für die auditiven, visuellen bzw. propriozeptiven Sinneskanäle. So ist es gezwungen, äußere Stimuli entweder sehr bewußt und methodisch aufzunehmen oder sie nicht zu beachten.

Sowohl für die linke als auch die rechte Gehirnhälfte gibt es ein Sprachzentrum; das leistungsfähigere befindet sich allerdings bei der Mehrheit der Menschen auf der linken Seite des Gehirns, die für die Ausführung methodischer, logischer Aufgaben verantwortlich ist, während die rechte Hälfte des Gehirns für das Suchen (Scanning) und Zielen (Targeting) zuständig ist. Wenn Sie zum Beispiel in einer Menschenmenge ein bestimmtes Gesicht suchen, würde die linke Gehirnhälfte methodisch Gesicht für Gesicht in der Menge absuchen, bis sie das richtige gefunden hat. Die rechte Gehirnhälfte überfliegt die Menge so lange, bis sie so das Ziel erreicht. Bei Kindern, denen ein angemessener Filtermechanismus fehlt, ist die linke Gehirnhälfte sehr schnell völlig überlastet: Es kann sein, daß sie immer wieder auf das untergeordnete Sprachzentrum der rechten Gehirnhälfte umschalten müssen, welches sie aber nicht mit der gleichen Leichtigkeit benutzen können wie das der linken Seite. Eine Kombination aus Lärm und fremder Umgebung ist für solche Kinder daher sehr beängstigend. Der Vestibularapparat ist ständig da-

mit beschäftigt, zu überwachen, anzupassen und zu korrigieren. Außerdem ist er auf der Höhe der Medulla mit dem zehnten Hirnnerv, dem Vagus-Nerv, verbunden (Blythe, 1990). Dieser Vagusnerv enthält zwei Arten von Fasern:
1. sensorische Fasern, die Botschaften zu Teilen des äußeren Ohres weiterleiten und afferente Botschaften von Rachen, Kehlkopf und inneren Organen des Brust- und Bauchraumes zum Gehirn leiten
2. motorische Fasern und die zugehörigen Nerven, die die quergestreifte Muskulatur des Gaumens, Kehlkopfes und Rachens bedienen.

Unser Kind ist bereits durch zu viele Reize überladen, seine Kompensationsmechanismen sind ausgereizt. Es verbraucht zu viel Energie, die hereinkommenden Stimuli zu sortieren; es verfügt über keinerlei Reserven mehr, um sich zu artikulieren. Der überlastete Vestibularapparat reizt den Vagusnerv und läßt diesen Impulse an die Sprechorgane aussenden. Eine Überreaktion des Vestibularapparates weckt auch die frühen abweichenden Reflexe. Jetzt kommen die Rückzugsreflexe ins Spiel – das Kind ist nicht in der Lage zu sprechen. Damit alle anderen Bereiche funktionieren können, wird die Sprache vollkommen ausgeschaltet. Dies dauert so lange an, bis das Kind entweder in eine Umgebung kommt, in der es seine Kontrollmechanismen lockern kann oder bis der Grad an Überladung so hoch geworden ist, daß der Moro-Reflex ausgelöst wird und für eine explosive sprachliche Entladung sorgt.

Ein ähnliches Reaktionsmuster kann in Fällen von emotionalem Streß beobachtet werden, in denen das Individuum nicht in der Lage ist, seine Gefühle in Worte zu fassen oder traumatische Situationen auszudrücken. Die damit verbundenen Gefühle sind so stark, daß das Individuum in einem Zustand der emotionalen Stummheit bzw. der hysterischer Lähmung gefangen ist – Schritte auf dem Weg zum Schock. Die Worte, die der Betroffene in dieser Situation braucht, schwirren ihm vielleicht im Kopf herum, aber die Gefühle sind so überwältigend, daß der Mechanismus des Sprechens nicht ausgelöst werden kann. Ein elfjähriges Mädchen fragte später, als ihre Probleme gelöst waren: „Warum konntet Ihr nicht sehen, saß ich Euch durch die Art, wie ich *war*, mitgeteilt habe, was ich sagen wollte?" Ein Wutausbruch oder ein Ausbrechen in Tränen kann die Schleusen öffnen und Sprechen ermöglichen, wenn der Moro-Reflex schließlich aktiviert und der partielle Lähmungszustand gelöst wird.

Hypersensitivität gekoppelt mit einer herabgesetzten Schockschwelle wurde als ein möglicher Weg dargestellt. Das überladene System schaltet in einem oder mehreren sensorischen Bereichen ab, um den Problemen gewachsen zu sein. Der andere Weg, der hier dargestellt wurde, war jener, der das System als Folge einer herabgesetzten Erregungsschwelle in einen Zustand gesteigerter Wachheit und Hyperaktivität stürzt.

Im Zustand der Wachheit wächst die innere Erregung, und die Muskelspannung nimmt zu. Lang anhaltende Muskelspannung führt schließlich zu Ermüdung. Ermüdung verringert die Leistungsfähigkeit, so daß ein gesteigertes Maß an Erregung nötig ist, um ein gleichbleibendes Leistungsniveau aufrechtzuerhalten und den Verlust an Leistungsfähigkeit auszugleichen. So bildet sich ein Teufelskreis, in dem die Überaktivität der Muskulatur zu einem Muster für Überleben und Leistung wird. Müdigkeit wird zu einem Feind, den es zu überwinden gilt, allerdings nicht durch Ruhe und Erholung, sondern durch noch mehr Bewegung und gesteigerte Aktivität. Diese Dynamik ähnelt dem Heraufschalten beim Autofahren, wenn die Anzahl der Umdrehungen steigt.

Ein Krisenzustand ist erreicht, wenn nach dem Hochschalten in den höchsten Gang kein weiterer Gang mehr zur Verfügung steht, in den das System überwechseln kann, aber dennoch dasselbe Maß an Leistung aufrechterhalten werden muß. Für eine gewisse Zeit kann dies durch eine verstärkte Adrenalinzufuhr erreicht werden, sei es durch Medikamente, mehr Aufregung oder heftige Ausbrüche in Form von Wut, extremer Depression oder Euphorie. Diese Menschen können überempfindlich auf Medikamente und Alkohol reagieren, was so weit gehen kann, daß diese Medikamente genau den gegenteiligen Effekt haben, als es normalerweise der Fall ist.

Seit einigen Jahren steht fest, daß bestimmte hyperaktive Kinder negativ auf milde Beruhigungsmittel wie zum Beispiel Phenergan (Avomine) und Vallergan reagieren. Anstatt beruhigend zu wirken, versetzen diese Mittel die Kinder (ganz im Gegenteil zur erwarteten Wirkung) in einen Zustand gesteigerter Aggressivität und Unruhe. Diese Kinder brauchen essentiell ein konstantes Aktivitätsniveau, um sich lebendig zu fühlen und mit den alltäglichen Anforderungen fertig zu werden. Schwung und Bewegung sind für sie Mittel zum Überleben. Sediert man sie, nimmt man ihnen die einzige Möglichkeit, die ihnen zur Verfügung steht, um zu funktionieren. Verabreicht man einem solchen Kind ein anregendes Mittel, wie zum Beispiel Ritalin (Dextroamphetamin), dann hilft ihm dieses, sein Leistungsniveau aufrechtzuerhalten; es besteht dann nicht mehr die ständige Notwendigkeit selbst produzierter Übererregung.

In einigen Fällen hat das *Institute for Neurophysiological Psychology* (Institut für Neurophysiologische Psychologie; siehe Adressen im Anhang) herausgefunden, daß sich Symptome wie Erschöpfung und Übererregung mildern lassen, wenn der Moro-Reflex so weit verstärkt wird, bis er für eine kurze Zeit in seiner vollständigen physiologischen Form präsent ist. Es ist, als ob dadurch, daß dem Patienten ermöglicht wird, den frühkindlichen „Kampf oder Flucht"-Mechanismus vollständig zu nutzen, die innere Spannung und Erregung gelöst wird, bis der Körper den frühkindlichen Moro-Reflex nicht mehr benötigt und gemeinsam mit anderen Reflexabweichungen umgewandelt werden kann. Da eine bessere automatische Kontrolle innerhalb des Körpers erreicht wird, lassen auch viele Symptome nach.

Noch einmal zusammenfassend: Die Analyse des Reflexsystems liefert uns Wegweiser zu den Funktionen des Zentralen Nervensystems (ZNS), da die Reflexe eine Grundlage für ein ausgereiftes ZNS bilden, das dann mit allen anderen Systemen im Körper verbunden ist.

Wir haben versucht zu zeigen, daß eine frühe Störung der Reflexabfolge zu Fehlfunktionen im Vestibularapparat und der Formatio reticularis führen kann, was entweder zu Überberuhigung (zum Beispiel plötzlicher Kindstod, Epilepsie, anfallartige Schübe und bestimmte autistische Verhaltensweisen) oder, im anderen Extrem, zu Überaktivierung führen kann. Im letztgenannten Fall können bestimmte Panikzustände oder „neurotische" Zustände das Ergebnis sein.

Warum wirbeln und rollen unsere Kinder umher?

(Ein Artikel von Sally Goddard, erschienen im australischen *First Steps Magazin*)

Als allererster Sinn entwickelt sich der Sinn für das Gleichgewicht. Er ist unverzichtbar für die Haltung und Bewegung sowie für das Gefühl der „Mitte" in Raum, Zeit, Bewegung, Tiefe und des Selbst. Alle anderen Sinneswahrnehmungen passieren den Balancemechanismus (das vestibuläre System) auf Hirnstammebene, bevor sie an die jeweilig spezialisierte höhere Gehirnregion weitergegeben werden. Somit sind alle weiteren Sinne, auf die das Kind beim Lernen angewiesen ist, mit dem Gleichgewicht verbunden.

Für das neugeborene Baby sind Wahrnehmung und Bewegung ein und dasselbe. Es ist sich nicht bewußt, daß Geräusche und Bewegung, Sehen und Berührungen unterschiedliche Wahrnehmungen sind, da sie für ihn oder sie alle als eine einzige Erfahrung bzw. ein einziges Gefühl verschmelzen. Somit ist Bewegung die erste Sprache des Kindes, und je beredsamer es in seiner ersten Sprache wird, desto schneller wird es andere Kräfte des Ausdrucks, der Erkundung und des Fortschreitens entwickeln.

Die Stimulation des Balancemechanismus ist vom Augenblick der Empfängnis an ein integraler Bestandteil des embryonalen Wachstums. Jede Bewegung der Mutter wird in der gepolsterten Umgebung der Gebärmutter

empfunden. Nach der Geburt spürt es diese Empfindungen weiterhin anhand eines riesigen Repertoires an Bewegungsmustern – vom Liegen,
Strampeln, Sitzen bis zum Kriechen und Krabbeln auf Händen und Knien,
Gehen, Rennen, Hüpfen, Springen, Schaukeln, Rollen und Purzelbaum-
schlagen. Durch Bewegung werden weitere Verbindungen zwischen dem
Vestibularapparat und den höheren Zentren des Gehirns geschaffen. Erst
wenn das Kind sieben oder acht Jahre alt ist, sind Balancemechanismus,
Kleinhirn und Corpus callosum myelinisiert. Während dieser frühen Jahre
ist die Anregung des Vestibularapparats ein natürlicher Bestandteil im Spiel
jedes normalen Kindes.

Das Kleinkind beginnt mit der ständigen Wiederholung von Arm- und
Beinbewegungen. Damit übt es das Strecken und Beugen der Muskeln und
trainiert die Koordination zwischen Händen und Augen. Ein acht Monate
altes Kind, das hin und zurück über den Boden rollt, ohne ein bestimmtes
Ziel im Auge zu haben, bereitet das Gleichgewicht vor, das es zum Sitzen,
Stehen und schließlich zum Gehen benötigt.

Für das Kind bewegt sich die Welt bei jeder seiner Bewegungen mit, und
jedesmal, wenn es stillsteht, steht die Welt auch wieder still. Das Krabbeln
auf Händen und Knien erfüllt danach eine wichtige Brückenfunktion. Es ermöglicht dem Kind zum ersten Mal den Gebrauch des vestibulären, des visuellen und des propriozeptiven Systems zu kombinieren. Das Gehen
schließlich erweitert nicht nur die Mobilität, sondern es ermöglicht ihm
auch, beim Umherlaufen die Hände ganz unabhängig einzusetzen. Dies
sind die ersten Bausteine für das Lernen, die nun ständig geübt und mit anderen Systemen kombiniert werden: Bewegung ist das wichtigste „Vokabu-
lar" des Kindes im ersten Lebensjahr. Seine „Sprache" geschieht über den
Körper. Willkürliche Bewegungskontrolle kann sich nur durch die Erweite-
rung der Bewegungshorizonte entwickeln.

Das Kind im Alter von drei bis sechs Jahren hüpft, hopst und wirbelt
herum, wenn es die Straße entlang „geht" – immer noch dabei zu lernen, das
Gleichgewicht zu kontrollieren. Die höchste Stufe der Balance ist die Fertigkeit, still zu stehen. Die Kunst, sich nicht zu bewegen, erfordert, daß alle
Körperfunktionen und Muskelgruppen ohne ständige Regulierung zusammenarbeiten; das kennzeichnet eine reife Haltungskontrolle.

Das Kind, welches nicht stillstehen kann, weiß instinktiv, daß sein
Gleichgewicht noch Übung braucht. Das Kind, das nicht auf dem Bürger-
steig bleibt, wenn sich gleich daneben eine niedrige Mauer befindet, und das
ständig von einer Ebene auf die andere und wieder zurück klettern will,
lehrt sich selbst Muskelkontrolle, Tiefenwahrnehmung und die Integration
optischer und motorischer Wahrnehmung. Purzelbäume und Radschlagen

erleichtern ebenfalls die Trennung der Bewegung von anderen Empfindungen, denn erst, wenn ein Kind vollständige Kontrolle über seine Bewegungen hat, kann es seine Aufmerksamkeit auch anderen Erfahrungen zuwenden.

Hyperaktivität und Aufmerksamkeitsstörungen sind zwei mögliche Anzeichen für eine Unreife der vestibulären Funktionen. Als Eltern, Lehrer und Aufsichtspersonen neigen wir dazu, hyperaktive Kinder dazu anzuhalten, stillzusitzen und ruhig zu sein. Es ist aber erwiesen, daß hyperaktive Kinder, die sich dreißig Sekunden lang nach rechts oder links um die eigene Achse drehen, bis zu dreißig Minuten nach dem Herumwirbeln eine erhöhte Aufmerksamkeit zeigen – ein Hinweis darauf, daß diese Kinder eine Anregung des Gleichgewichtssystems benötigen, damit das Gehirn „in Gang" kommt.

Unsere Augen werden vom vestibulären Kreislauf im Gehirn gesteuert. Unsere Ohren teilen denselben Gehirnnerv, und der Tastsinn ist durch Bewegungen über Haarzellen, deren Rezeptoren sich in der obersten Hautschicht befinden, wesentlich mit dem Vestibularapparat verbunden. Wenn Bewegung die erste Sprache des Kindes ist, dann ist die Sinnesempfindung seine zweite. Nur dann, wenn sowohl Bewegung als auch Empfindung eine Einheit bilden, können sich die fortgeschrittenen Fertigkeiten der Sprache, des Lesens und Schreibens flüssig entwickeln. Unsere Kinder, die herumwirbeln und Purzelbäume schlagen, sind mit ihrer ersten Lektion beschäftigt, die Einsteins der Zukunft zu werden.

Erfassen neurologischer Dysfunktionen bei Kindern mit schulischen Teilleistungsstörungen – Evaluation eines Fragebogens (1998)

(Ein Artikel von S. A. Goddard Blythe und D. Hyland, erschienen in: *The British Journal of Occupational Therapy* 61 / 10 / 1998).

In dieser Studie wurde den Eltern von 140 Kindern ein entwicklungsbezogener Fragebogen vorgelegt. 70 dieser Kinder hatten eine Vorgeschichte mit spezifischen Lernschwierigkeiten, die durch die üblichen Fördermaßnahmen nicht behoben wurden. Die übrigen 70 Kinder hatten keine solche Vorgeschichte. Die Untersuchung zielte darauf ab herauszufinden, ob der entwicklungsbezogene Fragebogen als zuverlässiges Instrument dienen könnte, um eine neurologische Entwicklungsverzögerung als zugrundeliegenden Faktor zu entdecken, der für die Teilleistungsstörung und das Versagen herkömmlichen Förderunterrichts verantwortlich ist. Die Ergebnisse zeigten, daß der Fragebogen in der Tat zwischen den beiden Populationen unterschied. Mit 98 % Zuverlässigkeit gehörte ein Kind mit 7 oder mehr Ja-Antworten zu der Gruppe von Kindern mit Teilleistungsstörungen, während ein Kind mit 2 und weniger Ja-Antworten nicht dazugehörte. 7 oder mehr Ja-Antworten in diesem Fragebogen sind daher erforderlich, um mit Sicherheit Lernprobleme zu identifizieren, die auf eine neurophysiologische Entwicklungsverzögerung zurückzuführen sind.

Die beiden Populationen wurden überdies in bezug auf einzelne Fragen hin verglichen, um diejenigen frühen Entwicklungsfaktoren zu identifizieren, die – betrachtet als Teil eines Entwicklungsprofils – als besonders signifikant für die Vorhersage späterer Lernschwierigkeiten sind. Derartige signifikante Faktoren fielen in zwei Kategorien:
1. Faktoren, die sich auf die Bewegungsentwicklung und Gleichgewichtsfunktionen beziehen.
2. Faktoren, die sich auf die Entwicklung phonologischer Fähigkeiten beziehen.

Bewegungsübungen zur Ausreifung und Hemmung primitiver Reflexe und ihre Auswirkungen auf spezifische Leseprobleme (Legasthenie) bei Kindern: eine kontrollierte Doppelblindstudie mit drei nach dem Zufallsprinzip zusammengesetzten Gruppen (2000)

(Ein Aufsatz von M. McPhillips, P. G. Hepper und G. Mulhern, erschienen in: *The Lancet* 355 / 2000)

Diese Studie untersuchte die Rolle persistierender frühkindlicher Reflexe bei Störungen in der Entwicklung der Lesefähigkeit und überprüfte die Wirksamkeit eines Interventionsprogramms, das auf der Nachahmung der Bewegungsmuster beruhte, die vorgeburtlich und in den ersten Lebensmonaten vom primären Reflexsystem erzeugt werden.

Das Untersuchungsdesign sah folgendermaßen aus: 60 Kinder im Alter von 8–11 Jahren wurden bezüglich Alter, Geschlecht, IQ und persistierendem ATNR auf drei Gruppen nach dem Zufallsprinzip gleich verteilt. Alle Kinder lagen mindestens zwei Jahre hinter dem Lesealter von Gleichaltrigen und hatten einen IQ zwischen 85 und 115. Die Versuchsgruppe führte über einen Zeitraum von einem Jahr zu Hause täglich etwa zehn Minuten lang eine spezifische Bewegungssequenz aus, die auf den ursprünglich vom Institut für Neuro-Physiologische Psychologie Chester (INPP) entwickelten Bewegungsübungen basierte. Die Placebo-Kontrollgruppe führte über denselben Zeitraum ähnliche, aber unspezifische Bewegungsübungen aus: sie beruhten nicht auf der Nachahmung der Reflexbewegungen. Die Kontrollgruppe machte keine Bewegungsübungen.

Die Koordination des Bewegungsprogramms wurde von einem Assistenten durchgeführt, dem die Gruppenzugehörigkeit der Kinder und auch der theoretische Hintergrund der Studie nicht bekannt war. Die Ergebnisse der Studie lassen mehrere Schlußfolgerungen zu:

- Die Wiederholung der primitiven Reflexbewegungen im Rahmen des Bewegungsprogramms bewirkt eine signifikante Hemmung der primitiven Reflexe, und dies zu einem viel späteren Zeitpunkt der kindlichen Entwicklung, als bisher angenommen wurde.

- Die Auswirkungen persistierender frühkindlicher Reflexe (hier besonders des ATNR) reichen über die offensichtliche Störung der Bewegungsentwicklung hinaus in kognitive Bereiche hinein.

- Die Hemmung frühkindlicher Reflextätigkeit bewirkt eine Verbesserung kognitiver Funktionen (hier der Lesefertigkeit).

- Die Studie zeigt die Wichtigkeit, bei Kindern mit spezifischen Lernschwierigkeiten den entwicklungsneurologischen Ausreifungsstand, insbesondere persistierende primitive Reflexe, als mögliche Basis ihrer Lernschwierigkeiten zu überprüfen. Über die herkömmlichen Interventionsstrategien hinaus sollte ein darauf aufbauender Behandlungsansatz Anwendung finden.

Nützliche Adressen

Das *Institute for Neuro-Physiological Psychology* (INPP), Chester, widmet sich der Forschung, klinischen Praxis und dem Management der neurologischen Entwicklungstherapie (*neuro-developmental therapy*), die auf den vom INPP entwickelten Methoden der Identifizierung, der Testverfahren und Behandlung beruht. Eine Liste der Lizenzinhaber und europäischen Assoziierten des INPP liegt dort vor. Es handelt sich hierbei um Berufstätige im therapeutischen Bereich, die beim INPP ausgebildet wurden und weiterhin an jährlich dort durchgeführten Supervisionswochenenden teilnehmen. Zusätzlich zum großen Ausbildungskurs für Therapeuten bietet das INPP auch Tageskurse für Lehrer und andere Berufstätige im pädagogischen Bereich an, in denen der Gebrauch einer kleinen Testbatterie sowie ein entwicklungsbezogenes Bewegungsübungsprogramm vermittelt wird, das mit kleinen oder großen Kindergruppen im schulischen Bereich durchgeführt werden kann. Weitere Informationen sind über folgende Adresse zu erhalten:

The Institute for Neuro-Physiological Psychology (INPP)
Peter Blythe, Sally Goddard Blythe
Warwick House, 4 Stanley Place, Chester CH1 2LU, Großbritannien
Tel./Fax. 0044-(0)-1244–311414
E-Mail: inpp@virtual-chester.com, Internet: www.inpp.org.uk

Dem Institut angegliedert ist *The International School for Research and Training in Neuro-Developmental Delay* (ISND), die für die Ausbildung der professionell arbeitenden Therapeuten verantwortlich zeichnet, die die Reflexhemmungstherapie nach den Richtlinien des INPP anwenden möchten. Informationen bezüglich der Ausbildung sind unter folgender Adresse erhältlich:

The International School for Research and Training in Neuro-Developmental Delay (ISND)
4 Stanley Place, Chester CH1 2LU, Großbritannien
Tel./Fax. 0044-(0)-1244–311414

Assoziierte Organisationen des INPP

Deutschland

The International School for Neuro-De-velopmental Training and Research (ISND) in Deutschland
ISND Deutschland führt identische Ausbildungskurse für Pädagogen und Therapeuten durch. Ein zusätzliches Supervisionswochenende, durchgeführt von ISND England, ist erforderlich. Auch kürzere Kurse für Lehrer werden von ISND Deutschland angeboten. Wegen weiterer Informationen bezüglich der Ausbildung in Deutschland oder einer Liste von in Deutschland ausgebildeten Therapeuten wenden Sie sich bitte an:
Thake Hansen-Lauff (Leiterin der ISND in Deutschland)
Katzbek 14
24235 Laboe
Tel. 04343–499395
Fax. 04343–499303
E-Mail: hansen-lauff@inpp.de
Internet: www.inpp.de

Bundesarbeitsgemeinschaft Neurophysiologie & Pädagogik
Die Bundesarbeitsgemeinschaft ist eine Gruppe von ISND England ausgebildeten neurologischen Entwicklungstherapeuten, die in Deutschland praktiziert. Eine Mitgliederliste kann angefordert werden bei:
Bundesarbeitsgemeinschaft
Neurophysiologie & Pädagogik
Beim Rauhen Hause 42
22111 Hamburg
Tel./Fax. 040–6515324

Pädagogische Praxis für Kindesentwicklung PäPKi
Wibke Bein-Wierzbinski NDT (INPP)
(Entwicklungs- und Lerntherapeutin)
Felix-Jud-Ring 305
21035 Hamburg
Tel. 040–2194761
Fax. 040–73508875
Internet: http://privat.schlund.de/reimann/6bein.htm

Schweden

The Swedish Institute for Neuro-
Physiological Psychology
Catharina Johanneson Alvegard
Rydholmsgat 42
S41873, Gotenburg
Schweden

Hakaan Carlsson Sensomotorisk
Centrum
Blaklintskolan
Martensgartan 12
595 32 Mjolby
Schweden
Fax 0046-(0)-142-8 52 86

Vestibularis
Mats und Irene Niklasson
Parkgatan 11
S38331 Monsteras
Schweden

Niederlande

The Dutch Institute for Neuro-
Physiological Psychology
Jur Ten Hoppen
Amsteldyk 138
Niederlande

Hörtherapie-Zentren

Dyslexia Research Laboratory
Dr. Kjeld Johansen
Ro/Skolovej 14 DK 3760
Gudhjem, Bornholm
Dänemark

The Tomatis Center UK Ltd
3 Wallands Crescent
Lewes
East Sussex BN7 2QT
Großbritannien

Samonas
Dr. I. Steinbach
Klangstudio Lambdoma
Markgrafenufer 9
59071 Hamm
Deutschland

AG Hörtraining (nach Ds. Chr. Volf)
Michael Zicht (Vorsitzender)
Ernst-Moritz-Arndt-Str. 1
35039 Marburg
Deutschland
Tel. 06421–481986

Augenoptik

Bundesverband der Orthoptisten
Deutschland e. V.
Josephsplatz 20
90403 Nürnberg
Tel. 0911–2059612

Leseschwierigkeiten

The Arrow Trust
Dr. Colin Lane
The Priory Annexe
St. Mary Street
Bridgewater, Somerset TA6 3EK
Großbritannien
Tel. 0044-(0)-1278–446261

Autismus

Bundesverband „Hilfe für das autistische Kind"
Bebelallee 141
22297 Hamburg
Tel. 040–5115604

Literatur

American Psychiatric Association, *Diagnostic and statistical manual of mental disorders. (DSM IV)* Washington, D. C., 1994; dt. *Diagnostisches und statistisches Manual psychischer Störungen.* Göttingen, Bern u. a.: Hogrefe, 1996

American Psychiatric Association, *DSM III*, Washington, DC, 1980

Arnheim, Rudolf, *Visual thinking.* Berkeley, CA: University of California Press; dt. *Anschauliches Denken: Zur Einheit von Bild und Begriff.* Köln: DuMont, 1996

Ayres, Anna Jean, *Sensory integration and the child.* Los Angeles, CA: Los Angeles Services, 1997/82; dt. *Bausteine der kindlichen Entwicklung: die Bedeutung der Integration der Sinne für die Entwicklung des Kindes.* Heidelberg u. a.: Springer, 1992

Bainbridge, Cohen, B., *Sensing, feeling and action.* P. O. Box 603, Northampton, MA 01061: Contact Editions, 1993

Bennett, R., *The hidden moro.* Private Veröffentlichung, 1988

Bakker, D. J., *Neurophysiological treatment of dyslexia.* Oxford University Press, 1990

Beuret, Lawrence, Persönliche Mitteilung, 1989

Blythe, P., *Hypnotism, its power and practise,* London: Arthur Baker 1971

Blythe, P., *Self hypnotism.* London, New York: Arthur Baker/Taplinger, 1976

Blythe, P., *A physical basis for panic disorder.* Vortrag im Rahmen der *4. International Conference of Neurological Dysfunction in Children and Adults* (4. Internationale Konferenz zur Neurologischen Dysfunktion bei Kindern und Erwachsenen): Guernsey, C. I., September 1990

Blythe, P., Persönliche Mitteilung, 1992

Blythe, P./McGlown, D. J., *An organic basis for neuroses and educational difficulties.* 4 Stanley Place, Chester, England: Insight Publications, 1979

Bobath, K./Bobath, B., *Tonic reflexes and righting reflexes in the diagnosis and assessment of cerebral palsy,* in: Cerebral Palsy Bulletin, Mai 1955

Bobath, B., *Abnormal postural reflex activity caused by brain lesions*, London: William Heinemann, 1975; dt. *Abnorme Stellreflexe bei Gehirnschäden.* Stuttgart, New York: Thieme, 1986

Brain, W. B., *Brain's clinical neurology*, bearbeitet von Bannister, R., Oxford: Oxford Medical Publications, 1987

Brunnstrom, S., *Training in the adult hemiplegic patient: orientation of techniques to patients' motor behaviour*, in: Approaches to treatment of patients with neuromotor dysfunction. Vortrag zum *3rd International Congress, World Federation of Occupational Therapists* (3.Internationaler Kongreß der Weltvereinigung der Beschäftigungstherapeuten), 1962

Capute, A./Shapiro, B. K./Palmer, F. B./Accardo, P. J./Wachtel, R. C., *Primitive reflexes, a factor in non-verbal language in early infancy. Language behaviour in infancy and early childhood*. Rue (Niederlande): Elsevier North Holland (Ed. Stark), 1981

Cottrell, S., *Aetiology, diagnosis and treatment of asthma through primitive reflex inhibition*. Vortrag zur *2nd International conference of Neurological dysfunction* (2.internationale Konferenz über neurologische Fehlfunktion), Stockholm 1987 (1988)

Cratty, B. J., *Movement, behaviour and motor learning*, London: Henry Kimpton Publishers, 1973

Delacato, C. H., *The ultimate stranger, the autistic child*. Novato, CA: Academic Therapy Publications, 1974

DeMyer, W., *Techniques of the neurological examination*, New York: McGraw-Hill, 1980

Dennison, Paul E., *Switching on*. Glendale, USA: Edu-Kinesthetics, 1981; dt. *Befreite Bahnen*. Kirchzarten bei Freiburg: VAK Verlags GmbH, 1996

Dickson, V., Persönliche Mitteilung

Draper, I. T., *Lecture notes on neurology*, Oxford: Blackwell Scientific Publications, 1993

Duighan, Persönliche Mitteilung, 1994

Eustis, R. S., *The primary origin og the specific language disability*, in: Journal of Pediatrics XXI, 1947

Fay, Temple, zitiert in: Doman, G./LeWinn, E. B./Wilkinson, R., „*The other side of the fit*" *A bill of particulars on seizures and on discontinuing anticonvulsant drugs*, in: The In-Report, Bd. V, Nr. 6, 1977

Field, J., *Accommodating the neuro-developmentally delayed child within the classroom*. Gatepiece Cottage, Highfields, Wichenford, Worcs, WR6 6YG, Großbritannien: Field Publications, 1992

Field, J./Blythe, P., *Towards developmental re-education*. Gatepiece Cottage, Highfields, Wichenford, Worcs, WR6 6YG, Großbritannien: Field Publication, 1988

Fiorentino, M. R., *Reflex testing methods for evaluating C. N. S development*. 301327 East Lawrence Ave., Springfield, Ill., USA: Bannerstonem House, 1981

Gaddes, William H., *Learning disabilities and brain function: a neurophysiological approach*, New York: Springer, 1980; dt. *Lernstörungen und Hirnfuktion: eine neuro-psychologische Betrachtung.* Heidelberg u. a.: Springer, 1991

Galaburda, A. M. / LeMay, M. / Kemper, T. L. / Geschwind, N., *Right / left assymmetries in the brain*, Massachussetts: Harvard University Press, 1978

Galley, P. M., *Human movement*, Edinburgh: Churchill Livingston, 1982

Gesell, Arnold, *The first five years of life. A guide to the study of pre-school children.* Part 1. 36 Essex Street, Strand, London: Wathuen 1947; Folgeband in dt. Deutsche Hochschule für Internationale Pädagogische Forschung (Hrsg.), *Das Kind von Fünf bis Zehn.* Bad Nauheim: Christian-Verlag, 1954

Gesell, Arnold / Ames, L., *The development of handedness*, in: Journal of Genetic Psychology, 70 / 1947, S. 155 ff.

Gilfoyle, E. / Grady, A. / Moore, J., *Children adapt.* 6900 Grove Rd., Thorofare, N. J.: Ch. Slack Inc., 1972

Goddard, Sally, *The fear paralysis response and its interaction with the primitive reflexes*, in: INPP Monograph Series, Nr. 1 / 1989, Chester, England, 1989

Goddard, Sally, *The fear paralysis reflex and its interactions with the primitive reflexes.* Private Veröffentlichung, 1989

Gold, S. J., *When children invite child abuse*, Eugene, Oregon: Fern Ridge Press, 1986

Hocking, B., *Little boy lost*, London: Bloomsbury Publishing Ltd., 1990; dt. *Sam: mein Sohn ist autistisch.* München: Droemer Knaur, 1992

Holt, K. S., *Child development*, London: Butterworth-Heinemann, 1991

Johansen, K. V., Lyd, *Hœrelse og sprogudvikling*, Dyslexia Research Lab. Ro Skolovej 14, DK 3760, Gudhjem Bornholm, Dänemark, 1993

Johansen, K. V., *Sensory deprivation – a possible cause of dyslexia, in:* Nordisk Tidsskrift for Spesialpedagogik, Oslo: Scandinavian University Press, Abonementskjonen, Postboks 2959, Toyen, N-0608, Oslo, 1992

Kaada, B., *Sudden infant death syndrome.* Oslo: University Press, 1986

Kephart, N. C., *The slow learner in the classroom.* Columbus, Ohio: Merrill, 1960

Kermoian, Rosanne, *Locomotor experience: A facilitator of spatial cognitive development*, in: Child Development, August 1988, Bd. 59, 1988

Laborit, H., wie zitiert in Odent, M., *Birth reborn.* 1952

Lefroy, R., *Improving literacy through motor development.* Dunsborough Enterprises, Palmyra, P. O. Box 134, Palmyra, W. Australia 6157: Pty Ltd. Publications 1990

Levinson, H. L., *Smart but feeling dumb*, New York: Warner Books Inc., 1984

Machover, I., Persönliche Mitteilung, 1990

MacLean, P., *A mind of three minds: educating the triune brain.* Chicago: The National Society for the Study of Education, 1987

Madaule, P., *When listening comes alive.* Box 560, Ontario L0P 1KO, Canada: Moulin Publishing, 1993

Martin, M./Grover, B., *Ears and hearing,* London: Macdonald & Co. Ltd, Orbit House, 1990

Merck Manual, *The manual of diagnosis and therapy.* Merck, Sharp & Dohme Research Laboratories, 1987; dt. MSD Sharp & Dohme GmbH München (Hrsg.), *MSD-Manual der Diagnostik und Therapie.* München u. a.: Urban und Schwarzenberg, 1988

Odent, Michel, Vortrag zur *European Conference of Neuro-Developmental Delay* (Europäische Konferenz zur neurologischen Entwicklungsverzögerung), 1991

Odent, Michel, *Primal health,* London: Century, Hutchinson, 1986; dt. *Von Geburt an gesund: was wir tun können, um lebenslange Gesundheit zu fördern.* München: Kösel, 1989

Odent, Michel, *Birth reborn,* London: Souvenir Press, 1984; dt.: *Erfahrungen mit der sanften Geburt.* München: Kösel, 1986

O'Reilly, B., *The role of phenolic and related compounds as a possible causative factor in autism – a hypothesis.* Private Veröffentlichung, 1990

Pavlidis, G./Miles, T., *Dyslexia research and its applications to education,* Wiley Publications, 1987

Pyfer, J./Johnson, R., *Factors affecting motor delays,* Auszug aus: Adapted Physical Activity. Box 5076, Champaign, Ill. 61820, USA: Eason, Smith & Caron, Human Kinetics Publishers, 1981

Restak, Richard, *The brain has a mind of its own,* New York: Harmony Books, 1991; dt. *Geheimnisse des menschlichen Gehirns: Usprünge von Denken, Führen, Handeln.* Landsberg am Lech: mvg-Verlag, 1985

Reuven, Kohen-Raz, *Learning disabilities and postural control.* Suite 500, Chesham House, 150 Regent Street, London W1R 5PA, Großbritannien: Freund Publishing House Ltd., 1986

Shepherd, R., *Physiotherapy in pediatrics,* Oxford: Butterworth-Heinemann, 1990

Smith, J., *Illustrations.* Flexton Bank, Tilston, Malpas, England, 1993

Southall, D. P./Samuels, M. P./Talbert, D. G., *Recurrent cyanotic episodes with severe arterial hypoxaemia and intrapulmonary shunting; a mechanism for sudden death.* Archives of Disease in Childhood 65, 1990, S. 953 ff.

Steinbach, I., *How does sound therapy work?,* Vortrag zur *6th European Conference of Neuro-Developmental Delay in Children with Specific Learning Difficulties* (6. europäische Konferenz zur Neurologischen Entwicklungsverzögerung bei Kindern mit spezifischen Lernschwierigkeiten), Klangstudio Lambdoma, Markgrafen-ufer 9, 59071 Hamm, 1994

Storr, A., *Music and the mind*. 77–85 Fulham Place Road, London W6 8JB, Großbritannien: HarperCollins, 1993

Tansley, A. E., *Reading and remedial reading.* London: Routledge and Kegan Paul Ltd., 1976

Telleus, C., *En komparativ studie av neurologisk skillnader hos barn medoch utan läs- och skrivsvarigheter.* Göteborg Universitet, Psychologisker Institutionen, 1980

Thelan, F., *Rhythmical stereotypes in normal human infants*, in: Animal Behavior, Nr. 27, 1979, S. 699 ff.

Tomatis, Alfred A., *The conscious ear.* Barrytown, New York 12507, USA: Station Hill Press Inc., 1991; dt. *Das Ohr und das Leben: Erforschung der seelischen Klangwelt.* Solothurn, Düsseldorf: Walter Verlag, 1995

Tomatis, Alfred A., *About the Tomatis method.* The Listening Centre, 600 Markham Stret, Toronto, Ontario, M6G 2LG, Kanada, 1991

Tomatis, Alfred A., *Audio-psycho-phonology; a new challenge*, Vorlesung an der *Potchefstrom University*, Republic of South Africa, April 1980

Trevor-Roper, P., *The world through blunted vision*, London: Penguin, 1987

Veras, R., *Children of dreams, children of hope*, Chicago: Henry Regnery, 1975

Williamson, *The brain: science opens new windows on the mind,* in: Newsweek, April 1992

Wisbey, A., *Sounding out dyslexia,* in: World Medicine, Oktober 1977

Informationen zu dem Buchangebot der VAK Verlags GmbH erhalten Sie kostenlos unter folgender Anschrift:
VAK Verlags GmbH
Eschbachstraße 5
D–79199 Kirchzarten bei Freiburg
Telefon: 0 76 61 / 98 71 50
Fax: 0 76 61 / 98 71 99.

Glossar

Abduktion. Das Öffnen der Arme und Beine nach außen.

Adduktion: Das Schließen der Arme und Beine (Umarmen oder Greifen).

Adrenalin: Nebennierenhormon; Wirkung u. a.: emotionale Erregung, Muskeltätigkeit, erhöhte Pulsfrequenz, Blutdrucksteigerung, Pupillenerweiterung, Zittern, Schwäche, kalter Schweiß, Angst.

Afferent: Aufsteigend, zum Gehirn führend. *Afferenzen* sind all die Erregungen, die aus der Peripherie zum Zentralnervensystem gelangen (man spricht auch von sensorischem Input).

Akkomodation: Die Fähigkeit, den Blick schnell von nah auf fern umzustellen und umgekehrt.

Anorexie: Appetitlosigkeit, Magersucht.

Auditive Unterscheidungsfähigkeit: Fähigkeit, Geräusche / Sprache nach folgenden Kategorien unterscheiden zu können: kürzer – länger, lauter – leiser, höher – tiefer, schneller – langsamer, gleich – verschieden. (Siehe auch *Phonetische Unterscheidungsfähigkeit.*)

Auge-Hand-Koordination: Verbindung von visuell aufgenommener Information mit der Handmotorik.

Babkin-Reaktion: Der Reiz, der diesen Reflex auslöst, besteht in einem tiefen Druck, der gleichzeitig auf die Innenflächen beider Hände ausgeübt wird, während das Kleinkind sich in einer entsprechenden Position befindet, idealerweise in Rückenlage. Dem Stimulus folgt ein (Vorwärts-) Beugen des Kopfes, ein Öffnen des Mundes und das Schließen der Augen. Der Reflex kann am Neugeborenen demonstriert werden, sollte aber nach etwa vier Lebensmonaten gehemmt sein. Er zeigt eine neurophysiologische Verbindung zwischen den Augen und den Händen, die auch an den knetenden Handbewegungen deutlich wird, die das Kind während des Stillens macht (Katzenbabys tun das gleiche, wenn sie gefüttert werden). Wie viele Reflexe kann die Babkin-Reaktion in beide Richtungen ausgelöst werden.

Basalganglien: Drei Zellkerne an der Hirnbasis; spielen eine Rolle bei der unterbewußten Regulierung von Bewegung.

Bradykardie: Pulsschlag weniger als 60 Schläge pro Minute (bei weniger als 40 Schlägen pro Minute besteht Lebensgefahr).

Bulimie: Heißhunger, Eß- oder Freßsucht; vieldeutiges Symptom mit organischen oder psychischen Ursachen.

Cerebellum: Siehe *Zerebellum*.

Cortex: Siehe *Kortex*.

Cortisol: Siehe *Kortisol*.

dB (Dezibel): Maßeinheit für die Lautstärke. 20 dB entsprechen ungefähr der Lautstärke eines leise geführten Telefongespräches.

Dermis: Die obere Hautschicht.

Dominanz: Die Überlegenheit einer Seite des Gehirns über die andere. Die Definition bezieht sich auf die beiden Gehirnhemisphären. Sie kann aber auch auf andere Teile des Körpers angewandt werden, die paarweise vorhanden sind, zum Beispiel auf Hände, Ohren, Augen, Füße.

Dysdiadochokinese: Die Schwierigkeit, schnell abwechselnde Bewegungen auszuführen, was dann zum Beispiel die Feinmotorik der Hände, Finger oder Füße beeinträchtigt. Hierdurch werden handwerkliche Tätigkeiten beeinträchtigt. Auch das Auftreten von Sprechstörungen wird mit diesem Komplex in Verbindung gebracht.

Dysfunktion: Funktionsstörung.

Dyslexie (Legasthenie): Leseunfähigkeit; der Begriff findet im allgemeinen nur Anwendung, wenn normale Intelligenz vorhanden ist, die herkömmlichen Lehrmethoden aber nicht erfolgreich waren.

Dyspraxie: Mangelhaft ausgebildete Fähigkeit, spontan bewußt motorisch tätig zu sein und Bewegungen in einer zeitlich geordneten Reihenfolge zu koordinieren.

Efferent: Wegführend; die Erregung vom Gehirn zur Peripherie, insbesondere zu den Muskeln leitend. *Efferenzen* sind all die Erregungen, die vom Zentralnervensystem in die Peripherie strömen.

Endokrin: Innere Sekretion der Drüsen betreffend.

Enthemmung: Tritt in der Folge von Traumata auf; auch im Verlauf der Alzheimerschen Krankheit, bei der Reflexe in umgekehrter chronologischer Reihenfolge auftauchen. (Siehe auch *Hemmung*.)

Extension (Streckung): Bewegung vom Körper weg.

Extensormuskel: Ermöglicht das Strecken vom Körper weg.

Figur-Grund-Unterscheidung (figure-ground effect): Hierbei geht es um die Fähigkeit, eine Figur vor ihrem Hintergrund wahrzunehmen bzw. sie aus einer Anzahl von Figuren zu isolieren. Beeinträchtigungen können sich im schulischen Leben auf Konzentration und Aufmerksamkeit auswirken, aber auch auf das Lesen und Schreiben, da nämlich Buchstaben, Silben, Signalgruppen innerhalb eines Wortes erkannt und isoliert werden können müssen. Dementsprechend bedeutet eine Störung die Unfähigkeit, widerstreitende visuelle Informationen zu trennen und zu kategorisieren: zum Beispiel beim Hochlaufen einer offenen Treppe oder dem Überqueren einer Brücke, zwischen deren Brettern das Wasser zu sehen ist.

Fixation: Das Fokussieren der Augen auf einen festen Punkt und Halten des Fokus.

Flexion (Beugung): Zum vorderen Körpermittelpunkt hin.

Flexus habitus: Gebeugte Körperhaltung im Mutterleib; wird auch *Embryonalhaltung* genannt.

Formatio reticularis: Siehe *Retikuläres Aktivierungssystem.*

Formkonstanz (Wahrnehmungskonstanz): Die Wahrnehmung einer Form bleibt auch dann konstant, wenn diese unter perspektivischer Veränderung gesehen wird. (Sie hat nicht zuletzt Konsequenzen beim Unterscheiden der Buchstaben „b" und „d", „p" und q".) Das setzt eine gut funktionierende *Auge-Hand-Koordination* und *Figur-Grund-Unterscheidung* voraus (siehe jeweils dort).

Gleichgewichtssystem: Überwacht und überprüft den Austausch aller Sinnesempfindungen zwischen dem Gehirn und dem Körper; in beiden Richtungen.

Hemmung: Die Unterdrückung einer Funktion durch die Entwicklung einer anderen Funktion. Die erste Funktion wird in die zweite integriert. (Siehe auch *Enthemmung.*)

Hirnstamm: Reguliert die Funktionen der inneren Organe; steuert den Wachheitsgrad des gesamten Zentralen Nervensystems und die Verarbeitung sensomotorischer Vorgänge.

Homolateralität: Beschreibt die gleichzeitige Bewegung der Glieder einer Seite des Körpers, zum Beispiel bewegen sich der Arm und das Bein auf einer Körperseite zusammen. Für erwachsene Menschen mag sich das zeigen, wenn man nicht marschieren kann oder der Tanzpartner zwei linke Füße zu haben scheint. (Siehe auch *Unilateralität*.)

Hyper: Überempfindlich; unwesentliche äußere Eindrücke können nicht angemessen ausgefiltert werden.

Hypertonus: Streckmuskeln haben den größeren Einfluß als die Beuger.

Hyperventilation: Übermäßige Steigerung der Atmung bis zum CO^2-Überschuß.

Hypo: Unterempfindlich; Eindrücke werden nicht adäquat empfangen.

Hypoglykämie: Verminderung des Blutzuckers unter Normalwerte.

Hypophyse: Hirnanhangdrüse, direkt mit dem Hypothalamus verbunden.

Hypothalamus: Teil des Zwischenhirns, in dem sich die dem *vegetativen Nervensystem* (siehe auch dort) übergeordneten Zentren finden, die die wichtigsten Vorgänge im Körper regulieren, wie Temperatur, Wachen und Schlafen, Blutdruck und Atmung, Fett- und Wasserstoffwechsel.

Hypotonus: Schwacher Muskeltonus (Muskelspannung).

Hz (Hertz): Anzahl von Schwingungen pro Sekunde. Die Maßeinheit Hertz bestimmt die Höhe des gehörten Tons. 125 Hertz werden zum Beispiel als tiefer Ton, 8000 Hertz als hoher Ton wahrgenommen.

Intra-uterin: Im Mutterleib.

Kinesthäsie: Bewegungs- und Lagesinn; jene Empfindungen, die entstehen, wenn aktive Muskelkontraktionen beteiligt sind (siehe auch *Propriozeption*).

Kognition: Das Interpretieren und Verstehen einer wahrgenommenen Information. (Siehe auch *Wahrnehmung*.)

Kortex: Hirnrinde.

Kortisol: Nebennierenhormon.

Krabbeln: Kriechen auf Händen und Knien.

Kriechen: Vorwärtsbewegung, wobei Arme und Beine benutzt werden, während Bauch und Brust am Boden bleiben.

Kurzsichtigkeit: Bedeutet gute Nahsicht, jedoch schlechte Sehfähigkeit über eine Entfernung von 30–60 cm hinaus.

Legasthenie: Siehe *Dyslexie*.

Limbisches System: Teil des alten *Kortex* (siehe dort) und der primär mit ihm verbundenen *Nuclei* (siehe *Nucleus*). Das limbische System ist bei allen Säugetieren vorhanden und ist mit dem Geruchssinn, den automatischen Funktionen und bestimmten Merkmalen des Gefühlslebens (zum Beispiel Wut, Furcht, Zuneigung) und des Verhaltens verbunden.

Mittelhirn: Der oberste Teil des *Hirnstamms* (siehe dort). Der Begriff wird manchmal auch für alle Strukturen gebraucht, die sich eben unterhalb des *Kortex* (siehe dort) befinden, wobei in einigen Fällen sogar noch das Kleinhirn mit einbezogen wird.

Muskeltonus: Das Gleichgewicht zwischen Beuge- und Streckmuskeln.

Myelin: Eine weiche, fettige Substanz, die die Nervenfasern umgibt.

Myelinisation: Ausbildung einer Substanz um die Nervenfasern, die wie ein Isoliermantel um die bloßen Nervenstränge liegt.

Neurologische Entwicklungsverzögerung: Das Vorhandensein frühkindlicher Reflexe über deren normales Hemmungsalter hinaus und / oder die Abwesenheit von Halte- und Stellreflexen.

Neuronenpool: Ansammlung von Neuronen.

Nucleus: (Zell-)Kern.

Okzipitale Gliedmaßen: Arm und Bein auf der Hinterhauptseite.

Opisthotonus: Tonischer Krampf der Rückenmuskulatur, bei dem der Kopf und die Fersen nach hinten und der Körper nach vorn gebogen werden; charakteristisch für Tetanus, Meningitis, Strychninvergiftung und Epilepsie.

Parasympathisches Nervensystem: Erhöht die Speicheldrüsensekretion und verringert die Herzfrequenz, regt die Verdauung an und weitet die Blutgefäße. Das parasympathische Nervensystem ist Gegenstück und Partner des *sympathischen Nervensystems* (siehe dort).

Peripher: Außen, am Rande, weg oder fern vom Zentrum.

Phonetische Unterscheidungsfähigkeit: Fähigkeit, ähnlich klingende Laute oder Lautverbindungen zu unterscheiden, z. B. g – d, g – t, k – t, m – n, ss – sch, ch – sch. (Siehe auch *Auditive Unterscheidungsfähigkeit.*)

Plazenta praevia: Tiefer Sitz der Plazenta, der zu Schichtverschiebungen und Abscherung gewisser Plazentabereiche und damit zu Blutungen führen kann.

Plazentainsuffizienz: Die Plazenta ist zu klein im Vergleich zum Schwangerschaftsstadium.

Programm zur Reflexhemmung: Eine Serie von Übungen, die auf fötalen und frühkindlichen Bewegungsmustern basiert. Ihr Zweck ist es, abweichende frühkindliche *Reflexe* (siehe dort) zu hemmen. Solch ein Programm ist ganz auf die speziellen Bedürfnisse des einzelnen Patienten zugeschnitten.

Propriozeption: Die Fähigkeit zu wissen, wo sich die verschiedenen Teile des Körpers befinden, und komplexe Manöver ohne bewußte Steuerung auszuführen. Obwohl die Propriozeption oft im Austausch mit der *Kinesthäsie* (siehe dort) gebraucht wird, umfaßt der Begriff alle Sinneswahrnehmungen, die die Position des Körpers betreffen (sowohl in Ruhe als auch in Bewegung). „Kinästhesie" (ein Begriff, der oft synonym verwendet wird) bezeichnet nur solche Sinneswahrnehmungen, die auftreten, wenn aktive Muskelkontraktionen beteiligt sind.

Proximo-distal: Bezeichnet die Entwicklung der kindlichen Muskelkontrolle vom Zentrum nach außen.

Reflex: Unwillkürliche Bewegung als Reaktion auf einen Reiz und der gesamte physiologische Prozeß, der ihn aktiviert. (Siehe auch *Programm zur Reflexhemmung.*)

Retikuläres Aktivierungssystem (RAS): Ein komplexes Netzwerk von Nervenzellen im zentralen Kern des *Hirnstammes* (siehe dort), das die Vermittlung lebenswichtiger reflexorischer Nervenimpulse ermöglicht, vegetative Funktionen und die Koordination von Reflexen zu Bewegungsabläufen steuert und ganz allgemein für Wachheit und Aufmerksamkeit verantwortlich ist. (Im deutschen Sprachgebrauch spricht man eher vom *retikulären System* oder von der *Formatio reticularis;* Anm. d. Vlg.)

Sakkaden: Schnelle Augenbewegungen, die beim Lesen einer Textzeile normalerweise dafür sorgen, daß das Auge von einem Fixpunkt zum nächsten gelenkt wird. Sakkadische Augenbewegungen sorgen außerdem dafür, daß das vorherige visuelle Bild „gelöscht" wird.

Simian: Affenartig.

Skoliose: Abnorme Krümmung des Rückgrats.

Stimulusgebunden: Als „stimulusgebunden" gilt die Unfähigkeit, irrelevante Sinneseindrücke auszufiltern und zu ignorieren. Neugeborene beobachten reflexartig alles, was in ihr Gesichtsfeld dringt.

Sympathisches Nervensystem: Netzwerk von Nervenfasern, das den Körper vor allem bei Streß in Bereitschaft setzt, entweder zu fliehen oder sich dem Kampf zu stellen. Dies gschieht durch Steigerung des Herzschlages, beschleunigte Atmung und eine erhöhte Versorgung der Muskeln mit Sauerstoff durch das Umleiten der Blutversorgung von der Haut in die Tiefenmuskulatur. Das sympathische Nervensystem arbeitet in einem ausgleichenden Verhältnis mit dem parasympathischen Nervensystem zusammen, um das Stoffwechselgleichgewicht des Körpers zu erhalten.

Systolisch: Zusammenziehend.

Taktile Defensive: Berührungsrezeptoren reagieren auf einen Reiz, als wäre dieser eine Bedrohung.

Toxoplasmose: Infektionskrankheit, die zur Tot- oder Frühgeburt führen kann.

Tractus reticulospinalis: Im Vorderstrang des Rückenmarks verlaufende Fasern aus der *Formatio reticularis* (siehe dort) zu den Vorderhornzellen.

Ulnar-Finger: Die ersten drei Finger.

Unilateralität: Bedeutet Dominanz einer Seite des Kortex über die andere. (Siehe auch *Kortex, Homolateralität.*)

Vegetatives Nervensystem: Autonomes Nervensystem; Gesamtheit der dem Einfluß des Willens entzogenen Nervenzellen, die an der Regelung der Lebensfunktionen beteiligt sind (Atmung, Verdauung, Stoffwechsel, Sekretion, Wasserhaushalt etc.).

Ventral: Bauch oder Vorderseite betreffend.

Vestibulär: Das Gleichgewichtsorgan (*Vestibularapparat*) betreffend.

Vestibularapparat: Teil des inneren Ohres; Gleichgewichtsorgan.

Wahrnehmung: Das Registrieren sensorischer Information im Gehirn.

Weißes Rauschen: Kontinuierliches Hintergrundempfinden, das ständig gegenwärtig ist und andere Empfindungen stört. Es kann eine auditive, visuelle oder taktile Empfindung sein.

Zentrales Nervensystem (ZNS): Gehirn und Rückmark.

Zephalo-kaudales Gesetz: Entwicklungsfolge beim Kind, die sich vom Kopf abwärts vollzieht.

Zerebellum: Kleinhirn; Funktionen sind u. a. Mitwirkung bei der Aufrechterhaltung der normalen Muskelspannung und des Gleichgewichts, Koordination von Bewegungsabläufen.

Zyanotisch: Blaurote Hautfärbung (besonders Lippen und Fingernägel) aufgrund von Sauerstoffmangel im Blut.

Stichwortverzeichnis

Abdominalreflex 141
Abduktion 20, 166, 192
Abstützreaktion 49, 56
Adduktion 20, 192
Adressen 182 ff.
Afferentes System 72, 134, 164, 192
Akkomodation 192
Alter
　chronologisches 18
　Reife des Reflexsystems 18
Alzheimersche Krankheit 16
Amphibienreflex 49, 54 f., 122 f., 140, 148
Anorexia nervosa 80, 192
Aphasie 132
Asymmetrischer Tonischer
　Nackenreflex 18, 28 ff., 54 f., 68, 92,
　108 ff., 136 f., 140, 145, 157 f., 176
Aufrichtreaktion 55 f.
Auge-Hand-Koordination 29, 147,
　157 f., 192
Augen-Kopfstellreflexe 49, 52, 126 f.,
　156
Autismus 12, 58, 84, 132, 149 ff., 174, 186
Ayres, A. Jean 58

Babinski-Reflex 18, 141
Babkin-Reaktion 26 f., 33 f., 81, 192
Basalganglien 62 ff., 193
Benderscher Gestalttest 92 f.
Berührung 78 ff., 150, 166
Bewegungsentwicklung, postnatale 50
Bewegungskoordination 17, 46, 54 ff.,
　58, 74 ff., 91, 95 ff., 134, 137 f., 145, 148,
　155, 158, 169, 179 ff.
Blythe, Peter 10
Bradykardie 173, 193
Buchstabieren 13, 89, 91 ff.
Bulimie 193

Cochlea 76, 82
Corpus callosum 64 ff., 85, 132, 180

Delacato, Carl 58
Depression 84, 160, 178
Dezibel (dB) 86 f., 193
Doman, Glenn 58
Dominanzen 30, 84 f., 87, 90, 158, 176,
　193
Drei-in-Eins-Gehirn 69
Dysdiadochokinese 68, 191
Dysfunktionen 92, 138, 163 ff., 181 f., 193
Dyslexie 193
Dyspraxie 12, 193

Efferentes System 72, 134, 164, 193
Eigenstimme 133
Enthemmung 16, 193
Entwicklung
　proximo-distale 27, 50, 132, 197
　zephalo-kaudale 50, 132
Entwicklungsverzögerungen,
　neurologische 142, 148, 162 ff., 196
Epilepsie 172 ff., 179

Fertigkeiten
　okulomotorische 40 ff., 54, 58, 77, 89,
　92, 134 f., 179 ff.
　visuell-räumliche 67, 77, 89, 134, 148,
　179 ff.
Figur-Grund-Unterscheidung 41, 194
Flexus habitus 38, 194
Förderung 12, 17, 87, 130 ff., 145 ff., 181 ff.
Formkonstanz 46, 194
Forschung, neurophysiologische 12,
　181 ff.
Furchtlähmungsreflex 153 ff., 166, 172 f.

Geburt 15, 28 f., 142
Gehen 56
Gehirn 59
　Entwicklung 58 ff., 130 ff., 160
　Forschung 9 f.
　Funktionen 11, 72 ff., 84, 89 f.

Gehirnorganisation 57
Gehirnverletzungen 12
Gehirnhälften
  Abbildung 66
  Spezialisierung 65 ff., 158, 176
Geschicklichkeit, manuelle 26 f.
Gleichgewicht 17, 30, 39 ff., 48 ff., 56 f.,
  74 ff., 90, 93, 138, 141, 147 f., 179 ff.,
  194
Gliedmaßen, okzipitale 28, 196

Haltereflexe 48 ff., 58, 63, 68, 77, 131,
  137 f., 148, 153, 164
Haltungskontrolle 48 ff., 179 ff.
Handlungshemmung 168
Handschrift 91, 137, 145
Hemmung 16, 164 f., 182 f., 194
Hertz (Hz) 76, 83, 86, 195
Hirnstamm 59 ff., 72, 77, 130 ff., 132 f.,
  171, 174, 194
Homolateralität 68, 138, 145, 194
Hören 72 f., 82 ff., 91, 99, 132 f., 135, 156
Hyperaktivität 84, 159, 171, 178, 181
Hypersensitivität 21, 73, 87, 98, 155, 167,
  174, 177
Hypertaktilität 79, 81
Hypertonie 55, 195
Hypoglykämie 173, 195
Hyposensitivität 73, 84, 98, 145, 174
Hypotaktilität 82
Hypothalamus 60 f., 63 f., 98, 154, 171,
  195

Informationsfeedback 64
Informationsverarbeitung, sensorische
  12 f., 72, 78, 84 ff., 91, 95 ff., 136
Integration, sensorische 58, 99, 161

Kampf- und Flucht-Reaktion 19 f., 155
Kinästhesie 96, 134, 170, 181, 195
Kinderapperzeptionstest 10
Kippreaktionen 49
Kognition 16, 195
Kommunikationsfähigkeit 84

Konzentration 36
Kopfkontrolle 50 ff.
Kopfstellreflexe 50 ff., 141, 148, 169
Körperhaltung 56
Kortex 15, 49, 60, 63 ff., 77 ff., 132 ff., 153,
  170 f., 195
Krabbeln 40, 43 ff., 55, 147, 180, 195
Kreuzmusterbewegung 30, 55, 145
Kriechen 40, 43 ff., 55, 180, 195
Kurzsichtigkeit 91, 195

Labyrinth-Kopfstellreflexe 49, 52, 128 f.,
  156
Landau-Reflex 18, 49, 53 f., 120 f., 141,
  148, 165
Laufen 56, 180
Lautdiskriminierung 83 ff., 138, 192
Lautstärke 86 f.
Legasthenie 12, 64, 84, 132, 192
Lernen 72 ff., 87 ff., 97
Lernschwierigkeiten 12, 22, 57 f., 72 f.,
  83 f., 90, 92 ff., 99, 130 ff., 138, 163,
  181 ff.
Lesen 13, 66, 89, 91 ff., 99, 132, 136
Levi-Montcalcini, Rita 10
Limbisches System 195 f.

Magnetresonanztomographie 10
Mittelhirn 196
Moro-Reflex 19 ff., 38, 49 f., 62, 78, 92,
  98, 102 ff., 135 f., 140, 145, 148, 153 ff.,
  165 ff., 175 f., 178 f.
Muskeltonus 28, 38 f., 50, 77, 134, 141,
  147 f., 155, 168, 178, 180, 196
Mutismus, elektiver 149 ff., 175 f.
Myelinisation 30, 82, 164, 196

Nervensystem 18, 72 f., 196 ff.
Nervenwachstumsfaktoren 10
Neurologische Zentren 182 ff.

Opisthotonus 196
Overflow 26

Palmar-Reflex 18, 25 ff., 78, 106 f., 140,
  145
Parachute-Reflex 49, 56
Pinzettengriff 13, 25, 140
Plantar-Reflex 18, 78, 140 f.
Positronenemissionstomographie 10
Programm zur Reflexhemmung 17, 58,
  100, 130, 146 f., 160, 197
Propriozeption 39, 95 ff., 180 f., 197

Rechnen 89, 135, 197
Reflexbogen, vestibulo-okularer 39, 93
Reflexe
  frühkindliche 15 ff., 48 ff., 77 f., 92 f.,
  130 ff., 140 ff., 162 ff.
  uterine 49, 140 f., 151
Reflexprofil, frühkindliches 18
Reflextests 100 ff.
Retikuläres Aktivierungssystem 60,
  154 f., 162, 179, 195
Richtungssinn 39, 90, 135, 141, 179
Riechen 97 f.
Rückzugsreflexe 18, 49, 140, 150 ff.,
  165 f., 172, 175

Saugreflex 32, 78, 113, 140 f., 146
Schizophrenie 149
Schluckreflex 32 f., 140 f., 146
Schmecken 97 f.
Schreckreaktion 24, 49, 56, 140, 172
Schreiben 13, 27, 31, 91 ff., 99, 132, 135 ff.
Schreitreflex 141
Schutzreaktionen 49, 56 f.
Segmentäre Rollreflexe 49, 55 f., 124 f.,
  148
Sehen 44, 64, 72 f., 89 ff., 134, 147 f.
Sinne 72 ff.
Sitzen 55 f.
Spinaler Galantreflex 18, 35 ff., 114 f.,
  140 f., 147

Sprachschwierigkeiten 27, 83 ff., 99, 132,
  140 f., 149 ff.
Stehen 55 f., 180
Stellreflexe 48 ff., 58, 63, 68, 77, 131,
  137 f., 148, 153, 164
Stillsitzen 36, 147
Stimulusgebundenheit 22, 136, 145, 197
Strauß-Reflex 49 f., 56, 140
Suchreflex 18, 32 ff., 78, 112 f., 140, 146
Symmetrischer Tonischer Nackenreflex
  18, 40 ff., 53, 92, 118 f., 137, 147, 165

Tansley-Standard-Test 92, 94
Tastsinn 78 ff.
Tiefensensibilität 39, 95 ff., 180 f., 197
Tonhöhe 76, 83 f., 133
Tonischer Labyrinthreflex 18, 37 ff.,
  54 f., 92, 116 f., 135, 141, 147 f., 155 ff.,
  165, 169 ff., 176

Überreaktionen 21, 157, 177
Unilateralität 68, 198

Verhaltensstörungen 84, 99, 135, 150 ff.
Vestibularapparat 40, 62 ff., 73 ff., 93,
  133, 156 f., 162, 165, 170,176 f., 180, 198

Wahrnehmung 16, 46, 58, 134, 138, 148 f.,
  179, 181, 198
Weißes Rauschen 73, 198
Würgreflex 9

Zentrales Nervensystem 15, 18, 30, 49,
  60, 72, 82, 89, 131, 150, 162 ff., 171, 179,
  198
Zephalo-kaudales Gesetz 38, 198
Zerebellum 62 ff., 75, 130 ff., 138, 165,
  180, 198

Über die Autorin

Sally Goddard ist Ko-Direktorin des *The Institute for Neuro-Physiological Psychology* (INPP) in Chester, England. Nach ihrem Studium an der *St.Andrew's University*, Schottland, arbeitete sie ab 1987 zunächst als Therapeutin am INPP. Dort setzte sie ihre Arbeit fort in medizinischer Praxis, Forschung und Lehre. Sie veröffentlicht regelmäßig Artikel über Neurophysiologie und kindliche Entwicklung. Mit ihrem Mann und ihren drei Kindern lebt sie in Chester, England.

Informationen zu dem Buchangebot der VAK Verlags GmbH erhalten Sie kostenlos unter folgender Anschrift:
VAK Verlags GmbH
Eschbachstraße 5
D–79199 Kirchzarten bei Freiburg
Telefon: 0 76 61 / 98 71 50
Fax: 0 76 61 / 98 71 99.

Nancy E. O'Dell, Patricia A. Cook:

Philipp zappelt jetzt nicht mehr

Hyperaktiven Kindern helfen

Hyperaktivität kann die Lernfähigkeit, das Selbstwertgefühl und die sozialen Beziehungen von Kindern und Erwachsenen sehr negativ beeinflussen. Auch für diejenigen, die täglich mit betroffenen Menschen arbeiten oder für sie sorgen, kann das sehr belastend sein.

Mit dem dargestellten Programm können Eltern und Lehrer betroffenen Kindern helfen, Hyperaktivität zu überwinden.

1998, 222 S., 61 Fotos und Abb., Paperback, 15 x 21,5 cm,
36,– DM/33,– sFr/263,– öS, ISBN 3-932098-28-5

Roy Anderson:

Mein Kind – aufmerksam und konzentriert

Ein ungewöhnliches Förderprogramm

Anderson zeigt zunächst auf, inwieweit Lernschwierigkeiten oder Verhaltensstörungen auf einem Mangel an Konzentration beruhen. Er sieht Konzentrationsschwäche primär als körperliches, nicht als Verhaltensproblem. Aus dieser veränderten Sichtweise entwickelt er einen neuen, originellen Ansatz zur Überwindung von Konzentrations- und Lernproblemen.

ca. 160 S., ca. 15 Zeichnungen, Paperback, 15 x 21,5 cm,
ca. 29,80 DM/27,50 sFr/218,– öS, ISBN 3-932098-74-9

Uta Rau:

Tips zur Ernährung hyperaktiver Kinder

Aminosäuren, Mineralstoffe, Vitamine

Mit der schon seit 1978 in den USA als offizielles Heilverfahren anerkannten orthomolekularen Therapie werden dort auch Hyperaktive erfolgreich behandelt. Dieser natürliche Therapieansatz besteht in der zusätzlichen Verabreichung von Aminosäuren in Kombination mit den hierzulande bekannteren Vitaminen, Mineralstoffen und Fettsäuren. Betroffene Eltern erhalten eine Idee von der natürlichen Behandlung der Hyperaktivität mit Aminosäuren, können diese kennen lernen, ihr Prinzip verstehen und für sich und ihr Kind aufgreifen.

1999, 110 S., 11 Illustr., mit zahlr. Tabellen und Listen,
Paperback, 15 x 21,5 cm,
18,– DM/17,– sFr/131,– öS, ISBN 3-932098-48-X

Doc Childre:

Kannst du mit dem Herzen sehen?

Mit Kindern die Herzintelligenz entdecken.

77 Spiele

Das Buch bietet praktische Übungen zum Entdecken und Einsetzen der Herzintelligenz: Aus dem Herzen heraus entscheiden und handeln – diese Grundidee der Herz-Intelligenz-Methode wird in vielen Variationen nutzbar gemacht. Hier finden sich – nach Alter gestaffelt – vergnügliche Spiele, Aufgaben und kreative Aktivitäten für Kinder ab 2 und Jugendliche bis 18. Eine Fundgrube für Ideen zum sozialen Lernen in Familie, Schule, Erziehungsberatung und Gruppenarbeit.

2000, 203 Seiten, zahlr. Abb., Paperback, 21 x 29,7 cm, 39,80 DM/37,– sFr/291,– öS, ISBN 3-932098-63-3

Helen Irlen:

Lesen mit Farben

Bei Dyslexie und anderen Leseschwierigkeiten helfen: Die Irlen-Methode

Viele Menschen haben Lern- und Leseschwierigkeiten oder Kopfschmerzen, leiden unter einer erhöhten Lichtempfindlichkeit und unsicherem Einschätzen von Entfernungen – manche von ihnen sind sich nicht einmal dessen bewußt. All dies kann mit speziellen Störungen der Sehkraft zusammenhängen. Helen Irlen entwickelte eine Methode, den Betroffenen mittels Farbfolien oder farbiger Brillengläser Erleichterung zu verschaffen. Ein erstaunliches Buch zur Selbsthilfe. Mit vielen Beispielen, Adressen von Fachleuten und Lieferanten sowie einem farbigen Innenteil, der einige der Irlen-Farben wiedergibt.

1997, 230 Seiten, 15 Abb., Paperback, (15 x 21,5) cm, 38,– DM/35,– sFr/277,– öS, ISBN 3-932098-03-X

Susanne A. Köster:

Wie Sonnenschein und Puschel sich ihre Welt verzaubern

Mit Bastelanleitung für Traumfänger.

Anhand von Tiergeschichten vermittelt dieses interaktive Abenteuerbuch Kindern einfühlsam die Grundprinzipien des NLP – so, dass sie in ihrem Leben noch selbstbewusster und vertrauensvoller sein können. Kleine Tipps am Rande wiederholen die „Zauberworte", und den Eltern wird im Anhang NLP genauer erläutert.

In neuer Rechtschreibung. Für Kinder von 8 bis 10.

1999, 110 S., 57 Illustrationen von E. Hoedemann, Pappband, 15 x 21,5 cm, 19,80 DM/19,– sFr/145,– öS, ISBN 3-932098-38-2